Tout Pour Réussir en Droit du travail

Sébastien Layani
Chaila Mechmeche

Sébastien LAYANI est professeur agrégé d'économie et gestion à l'Université d'Aix-Marseille.
Il enseigne le droit et la comptabilité aux étudiants poursuivant des études supérieures en gestion.
Il est l'auteur ou co-auteur de plusieurs ouvrages dans la collection « Tout pour réussir » et « Les Grands sujets du DCG ».

Chaila MECHMECHE est professeur d'économie et gestion. Elle intervient à l'université Paris 13 en droit des sociétés et dans le cadre de la préparation intensive au DSCG.
Elle est co-auteur de deux ouvrages dans la collection « Tout pour réussir ».

Ouvrage sélectionné par Kada Meghraoui

ENSEIGNEMENT SUPÉRIEUR

- Synthèse des connaissances
- Exercices d'entraînement
- Tests de connaissances
- Cas de synthèse

+ 1 **Cahier des corrigés détaillés**

=

Tout Pour Réussir en Droit du travail

Sébastien Layani
Chaila Mechmeche

Gualino
lextenso éditions

Tout Pour Réussir

Une collection pour s'entraîner avec efficacité aux différentes épreuves des cursus de l'enseignement supérieur de gestion.

Tous les chapitres sont organisés selon un modèle commun :

– une synthèse des connaissances

– des exercices d'entraînement

– des tests de connaissances

– des cas de synthèse

Et un cahier complet en fin de livre avec corrigés détaillés.

Dans la même collection

- TPR en Droit des sociétés (Sébastien Layani, Chaila Mechmeche)
- TPR en Droit fiscal (Sébastien Layani)
- TPR en Mathématiques financières (Kada Meghraoui)

70, rue du Gouverneur Général Éboué
92131 Issy-les-Moulineaux cedex
ISBN 978 - 2 - 297 - 04553 - 7

PRÉSENTATION

Cet ouvrage, **TPR (Tout Pour Réussir) en Droit du travail**, est destiné à tous les étudiants qui doivent, dans le cadre de la préparation de leurs examens, avoir une maîtrise suffisante de cette matière.

Son objectif est donc de permettre aux **étudiants** de se préparer efficacement aux principes fondamentaux du droit du travail. Il est, en outre, facilement utilisable par les **enseignants** qui peuvent s'en servir comme d'un TD à part entière.

L'ouvrage comprend **9 chapitres** qui font le tour des connaissances qu'il faut avoir en droit du travail ; chacun des chapitres est systématiquement construit de la même manière :

- une **synthèse des connaissances** à bien connaître sur le thème du chapitre ;
- **deux exercices d'entraînement** pour favoriser l'apprentissage et la mise en œuvre des connaissances ;
- un **test de connaissances** composé d'**une question de cours** et de **10 questions sous la forme de VRAI/FAUX** pour évaluer la bonne assimilation des connaissances ;
- un **cas de synthèse** qui peut être utilisé comme sujet de TD ou d'examen.

Au-delà des 9 chapitres, **2 cas d'examen** vous sont proposés.

Les corrigés des exercices d'entraînement, des VRAI/FAUX, des cas de synthèse et des cas d'examen sont tous présentés, en fin de livre, dans le **cahier des corrigés.**

Ainsi conçu, cet ouvrage sera très utile à tous les étudiants de l'enseignement supérieur de gestion, notamment ceux d'IUT GEA, de BTS CGO, de licence (AES, CCA, économie-gestion, etc.), de master (AES, CCA, économie-gestion, etc.), de DCG (UE 3 de droit social) et de DSCG (UE 1 de gestion juridique, fiscale et sociale).
Comme toujours en droit, la maîtrise des concepts fondamentaux est la clé de la réussite.

Bon courage et bonne réussite à tous !

SOMMAIRE

+ Cahier des corrigés

1 Les sources et l'application des règles du droit du travail

Synthèse des connaissances

Le droit du travail est le droit applicable entre les employeurs de droit privé et les salariés à propos d'un contrat de travail. Il est alimenté par différentes sources : internationales, nationales et professionnelles.

1 - Les sources internationales

L'Organisation internationale du travail (OIT créée en 1919) élabore et adopte des conventions internationales soumises à la ratification éventuelle des États membres (183 États). L'OIT a pour finalité de promouvoir la justice sociale mondiale, en favorisant notamment la création d'emplois décents pour les hommes et les femmes.

Des accords bilatéraux et des conventions multilatérales peuvent être signés par les États. Les conventions ont pour objectif d'harmoniser et de coordonner les droits et garanties des salariés des États signataires.

Le Conseil de l'Europe peut également établir des conventions relatives au droit du travail. Il compte aujourd'hui 47 membres.

Deux textes ont été adoptés dans le cadre du Conseil de l'Europe :
- la Convention européenne de sauvegarde des droits de l'Homme et des libertés fondamentales adoptée le 4 novembre 1950 (plusieurs dispositions intéressent le droit du travail : la liberté syndicale, l'interdiction du travail forcé, la liberté d'expression, l'interdiction des discriminations, le droit à la vie privée...) ;
- la Charte sociale européenne, adoptée en 1961 et ratifiée par la France en 1999, énumère les engagements des États dans le domaine social : la mise en œuvre de l'égalité des chances et de traitement en matière d'emploi, la protection de la dignité dans le travail, le droit à une rémunération équitable...

L'Europe communautaire dispose de plusieurs outils du droit du travail :
- les directives : ce sont des dispositions émanant de l'Union européenne imposant aux États membres des objectifs à atteindre. À charge pour les États membres de choisir des moyens internes pour atteindre ces objectifs. Les directives européennes doivent faire l'objet d'une transposition en droit interne ;

— les règlements : ce sont des règles de portée générale qui s'imposent aux États et aux ressortissants de l'Union. Ils émanent du Conseil des ministres européen.

Les chartes sociales énumèrent des droits sociaux fondamentaux devant être appliqués selon les modalités propres à chaque pays : protection en cas de licenciement, droit à la consultation et à l'information des salariés...

Les accords européens, dans leurs articles 3 et 4 du protocole de 1992, traitent du dialogue social européen pouvant conduire à des relations conventionnelles, y compris des accords.

La Cour de justice de l'Union européenne (CJUE) joue également un rôle important en matière de droit du travail. Les décisions rendues par la Cour peuvent faire jurisprudence.

Les sources internationales ont pour objectifs d'harmoniser les règles du travail. Ainsi, la Charte européenne des droits sociaux ou le Traité de Maastricht sur la libre circulation des travailleurs en sont de bons exemples.

2 - Les sources nationales

La Constitution du 4 octobre 1958 fixe la principale démarcation entre le domaine de la loi (article 34) et celui du règlement (article 37).

Elle fixe les libertés — syndicales, de non-discrimination, le droit de grève, le droit à la négociation collective — et constitue la source la plus importante en droit interne.

La loi joue un rôle essentiel et encadre la vie au travail. La loi fixe le minimum social, c'est-à-dire le plancher au-dessous duquel on ne peut descendre. On peut citer la loi régissant le travail hebdomadaire.

Le règlement relève du pouvoir exécutif. Il peut être autonome ou d'application.

Les règles relatives au droit du travail sont codifiées dans le Code du travail : partie L pour la loi et partie R pour les règlements.

Les arrêtés sont des actes pris par les ministres, préfets ou maires.

Les circulaires sont des recommandations destinées aux fonctionnaires et ont pour but d'aider à l'application des lois et règlements.

Les ordonnances sont des mesures prises par le gouvernement après que celui-ci ait été habilité à le faire par le Parlement.

La jurisprudence concerne les décisions rendues par les tribunaux et les Cours dans les litiges qui leur sont soumis. Elle revêt une source de droit national très importante.

La doctrine, c'est l'opinion des spécialistes du droit. Les opinions émises peuvent éclairer et influencer le législateur et le juge, mais la doctrine n'est qu'une source indirecte.

3 - Les sources professionnelles

La Constitution française précise que tout travailleur doit participer par l'intermédiaire de ses délégués à la détermination collective des conditions de travail.

Ce droit se manifeste par la négociation et la conclusion des conventions et accords entre les partenaires sociaux.

A. Les conventions et accords collectifs

Ainsi, la convention collective a vocation à traiter de l'ensemble des conditions d'emploi, de travail, de garanties sociales et de formation professionnelle des salariés.

L'accord n'a vocation à ne traiter qu'un point particulier de cet ensemble.

La négociation collective réunit les partenaires sociaux du côté des employeurs, d'une part, et du côté des salariés, d'autre part. La négociation collective a été renforcée par la loi du 14 juin 2013, dite loi Sapin. Elle se situe à différents niveaux :
- au niveau professionnel, la négociation peut concerner plusieurs branches d'activité : ce sont les accords interprofessionnels ;
- au niveau d'une branche d'activité : on parle de convention ou d'accord de branche.

Lorsque la négociation peut s'effectuer au niveau de l'entreprise, il s'agit de convention ou d'accord d'entreprise.

Les conventions et accords peuvent s'appliquer sur une zone géographique délimitée (nationale, régionale, locale).

B. L'usage et l'accord atypique

L'employeur peut accorder des avantages (non écrits) qui peuvent devenir un élément juridique du contrat de travail s'il satisfait aux conditions suivantes :

— l'usage doit correspondre à une condition de généralité : il est accordé à tous les salariés ou à une catégorie d'entre eux ;
— il se répète dans le temps (condition de constance) ;
— il répond à une condition de fixité, c'est-à-dire que les modalités d'attribution de cet avantage sont déterminées.

L'employeur est tenu par cet usage mais peut le dénoncer en ouvrant de nouvelles négociations. Les usages ont une importance réelle en droit du travail ; la plupart d'entre eux ont été intégrés dans les conventions collectives ou par la loi.

L'employeur peut également prendre un engagement unilatéral (accord atypique) qu'il est tenu de respecter sous peine d'engager sa responsabilité. Ce type d'accord ne produit par les effets d'un accord collectif, mais il lie l'employeur.

Le règlement intérieur, élaboré unilatéralement par l'employeur, fixe les règles concernant l'organisation de l'entreprise, la discipline...

C. Le contrat de travail

Le contrat de travail est également une source du droit (cf. chapitre 2).

L'objet du contrat de travail est de fixer un régime applicable aux relations des parties tout en créant entre elles un rapport juridique plaçant le salarié sous la subordination de l'employeur.

Le contrat régi entre les parties tient lieu de loi. C'est la force obligatoire du contrat (art. 1134, C. civ.).

4 - La hiérarchie des sources du droit du travail et les conflits de normes

A. La hiérarchie des normes

Constitution > lois, ordonnances, règlement > conventions et accords collectifs > usages > accords unilatéraux de l'employeur > règlement intérieur > contrat de travail.

B. Les limites au principe de faveur

En principe, les normes de niveau inférieur doivent être plus favorables aux salariés que les normes de niveau supérieur. Toutefois, ce principe souffre d'exceptions :

— l'ordre public absolu n'admet aucune dérogation même plus favorable aux salariés ;
— l'ordre public social admet qu'il est possible de déroger à une règle de droit de niveau supérieur si elle est plus favorable aux salariés ;
— l'ordre public conditionnel admet qu'il soit possible d'y déroger en instaurant une règle défavorable aux salariés pour des impératifs fondés sur le maintien de l'emploi et la pérennité de l'entreprise.

Exercices d'entraînement

Exercice 1

Depuis 2004, un employeur accorde chaque année un mois salaire supplémentaire à tous ses salariés, versé en deux parties égales au mois de juin et au mois de décembre.
La convention collective et le contrat de travail sont muets à propos du versement de cette prime.
L'employeur rencontre actuellement des difficultés financières et souhaite ne plus verser cette prime.
Peut-il supprimer le versement de cette prime ?

Exercice 2

Paul, 25 ans, vient d'être père de jumeaux pour la première fois. Il sait qu'il a droit au congé de paternité prévu par la loi auquel s'ajoute le congé de naissance.
La convention collective accorde 24 jours de congé de paternité.
Quelle règle de droit vient s'appliquer dans cette situation ?

Test de connaissances

1. Question de cours

L'usage : définition, caractéristiques et procédure de dénonciation

2. Vrai / Faux

1. En droit du travail, les règles légales constituent la protection minimale des salariés.
   ☐ Vrai ☐ Faux
2. Certaines règles légales ne peuvent jamais être modifiées par les conventions collectives ou le contrat de travail.
   ☐ Vrai ☐ Faux
3. Il est impossible que les accords collectifs de travail soient défavorables aux salariés.
   ☐ Vrai ☐ Faux
4. La force obligatoire du contrat donne un caractère licite à toutes les clauses du contrat de travail.
   ☐ Vrai ☐ Faux
5. Les textes édictés par le gouvernement dans le domaine de la loi après habilitation par le Parlement sont des ordonnances.
   ☐ Vrai ☐ Faux
6. L'usage répond à une condition de généralité, de fixité et de constance.
   ☐ Vrai ☐ Faux
7. La jurisprudence est peu abondante en droit du travail.
   ☐ Vrai ☐ Faux
8. Le Conseil de prud'hommes est le tribunal compétent pour régler les litiges individuels du travail entre un salarié et un employeur.
   ☐ Vrai ☐ Faux
9. Le TGI est le tribunal compétent pour régler les litiges collectifs du travail.
   ☐ Vrai ☐ Faux
10. La dénonciation d'un accord unilatéral oblige l'employeur à ouvrir de nouvelles négociations.
    ☐ Vrai ☐ Faux

Cas de synthèse

Document 1 : Décret d'application de la loi Évin

Le décret du 15 novembre 2006 impose l'interdiction de fumer :

- dans tous les lieux fermés et couverts accueillant du public ou qui constituent des lieux de travail ;
- dans les établissements de santé ;
- dans l'ensemble des transports en commun ;
- dans toute l'enceinte (y compris les endroits ouverts comme les cours d'école) des écoles, collèges et lycées publics et privés, ainsi que des établissements destinés à l'accueil, à la formation ou à l'hébergement des mineurs ;
- dans les lieux « de convivialité » (débits de boissons, hôtels, restaurants, débits de tabac, casinos, cercles de jeux et discothèques).

Dans tous ces lieux, l'interdiction de fumer est rappelée par une signalisation apparente. Dans les lieux fermés et couverts, le responsable d'établissement peut décider la création d'emplacements réservés aux fumeurs. Dans les lieux de travail, publics ou privés, leur mise en place est soumise à l'avis du comité d'hygiène et de sécurité. La création des emplacements réservés aux fumeurs ne peut cependant avoir lieu ni dans des écoles, collèges, lycées et universités, ni dans les établissements de santé.

Document 2 : Extrait du règlement intérieur de l'entreprise PETROFINA

Société PETROFINA

RÈGLEMENT INTÉRIEUR

Le présent règlement a pour objet : De préciser l'application à l'entreprise de la réglementation en matière d'hygiène et de sécurité. De déterminer les règles générales et permanentes relatives à la discipline ainsi que la nature et l'échelle des sanctions applicables. [...]

Discipline : Tout comportement considéré comme fautif par l'employeur pourra, en fonction de sa nature et de sa gravité, faire l'objet de l'une des sanctions énumérées ci-après par ordre d'importance (ex. : absences non motivées, retards répétés, non-réalisation du travail à accomplir, comportement désinvolte, introduction de personnes étrangères dans le service, faute professionnelle etc.).

Échelle des sanctions : Sont susceptibles d'être mises en œuvre dans l'entreprise les sanctions suivantes : retenue sur salaire — avertissement oral — avertissement écrit — mise à pied disciplinaire de 4 jours maximum. Le salarié sera convoqué par l'employeur à un entretien préalable lorsque celui-ci envisagera de prendre une des sanctions qui précèdent à son égard.

Loi relative au tabac : Il est autorisé de fumer dans : la salle de détente et de repas et la salle de réunion. [...]

Travail à faire

Quel(s) texte(s) fixe(nt) la réglementation en matière de consommation de tabac dans les lieux publics ? Un autre texte peut-il être contraire à cette réglementation ?

2 La formation du contrat de travail

Synthèse des connaissances

Le contrat de travail est l'instrument exclusif de l'acquisition de la qualité de salarié et d'employeur, qui déterminera alors l'application obligatoire des règles du droit du travail.

1 - La notion de contrat de travail

Le Code du travail ne donnant aucune définition permettant de caractériser le contrat de travail, il est cependant possible, conformément à la doctrine et à la jurisprudence, de le définir de la manière suivante : « le contrat de travail est une convention par laquelle une personne s'engage à mettre son activité à la disposition d'une autre (employeur), sous la subordination de laquelle elle se place et moyennant rémunération.

Trois conditions cumulatives sont nécessaires : la prestation de travail pour autrui, la rémunération, le lien de subordination juridique. Si les deux premières conditions ne posent aucun problème, le lien de subordination peut se révéler délicat.

Le lien de subordination est caractérisé par l'exécution du travail sous l'autorité d'un employeur qui a le pouvoir :
— de donner des ordres et des directives ;
— d'en contrôler l'exécution ;
— de sanctionner les manquements de son subordonné.

L'infinie variété des situations montre que l'on peut passer insensiblement de situations de franche subordination à d'autres, intermédiaires, qui ne sont pas nettement tranchées.

Pour trancher (ne pouvant pas être l'un et l'autre) la jurisprudence tient compte d'un certain nombre d'indices dont aucun n'est en lui-même déterminant mais dont la conjonction de plusieurs permet au cas par cas de déterminer s'il y a ou non subordination.

Exemples d'indices : lieu, horaires imposées, matériel fourni, paiement du salaire, absence de subordonnés, sanction...

2 - La conclusion du contrat de travail

A. Les conditions de fond

1) Le cadre juridique du recrutement

a) Le cadre juridique des méthodes ou techniques d'aide au recrutement

La loi énonce que les méthodes et techniques doivent être pertinentes au regard de la finalité poursuivie.

L'article L. 1221-8 du Code du travail précise qu'un candidat doit être expressément et préalablement informé au préalable des méthodes et techniques d'aide au recrutement (tout comme le Comité d'entreprise). L'article L. 2323-32 du Code du travail rappelle que le Comité d'entreprise doit être informé, préalablement à leur utilisation, des méthodes ou techniques d'aide au recrutement.

L'article 1221-9 du Code du travail précise que les informations demandées ne peuvent avoir pour finalité que d'apprécier la capacité du candidat à occuper le poste. Elles doivent être pertinentes au regard de la finalité poursuivie.

Sont permises les questions relatives à l'état civil (mariage...), diplômes, expérience, casier judiciaire, l'existence d'une clause de non-concurrence ou d'exclusivité.

Sont proscrites les questions relatives à l'origine sociale ou ethnique, aux mœurs, aux convictions politiques ou religieuses, au montant du revenu, à l'état patrimonial, à l'affiliation syndicale, au projet de grossesse (le mensonge dans ce cas n'est pas considéré comme un dol, donc pas de nullité du contrat), à l'état de santé (le fait de ne pas révéler une maladie incompatible avec l'emploi constitue une faute pouvant entraîner le licenciement).

b) Le cadre juridique de l'offre

Tout employeur doit informer Pôle emploi de toute place vacante et, dès qu'il a procédé au recrutement, Pôle emploi doit en être informé dans les 48 heures.

L'offre ne doit pas être discriminatoire (sauf spécificité du poste).

2) Les conditions relatives au contrat

Le contrat de travail est soumis aux conditions de validité de l'article 1108 du Code civil, à savoir :

— le consentement des parties (employeur/salarié) doit être exempt de vices (exemple : la production de faux diplômes ou de fausses déclarations d'expérience). Dans ces cas, le dol ne peut être une cause de nullité que s'il a une incidence sur le contrat de travail (si le mensonge sur le diplôme n'est pas essentiel : pas de nullité). Le dol par réticence dolosive (le salarié qui ne déclare pas une maladie incompatible avec le travail) peut être une cause de nullité, voire de licenciement car c'est une faute ;
— la capacité : 16 ans minimum sauf dérogation ;
— l'objet : doit être licite et moral ;
— la cause : doit être licite et morale.

3) Les clauses du contrat de travail

a) La clause de non-concurrence

La clause de non-concurrence interdit aux salariés, après rupture du contrat de travail pour quelques causes que ce soit, d'exercer les activités visées qui pourraient faire concurrence à l'employeur, soit en se mettant aux services d'un concurrent, soit en s'établissant à son compte.

Pour être licite, elle doit respecter les conditions cumulatives suivantes :

— ne pas porter atteinte à la liberté du travail, en l'occurrence priver le salarié de toute possibilité d'exercer une activité conforme à sa formation et à son expérience professionnelle ; elle doit donc être limitée dans le temps, l'espace et à certaines activités ;
— être nécessaire à la protection des intérêts légitimes de l'entreprise ;
— être assortie d'une contrepartie financière versée tous les mois à partir de la prise d'effet de la clause (c'est-à-dire après la rupture du contrat de travail). Si l'employeur ne paie pas la contrepartie financière, le salarié est libéré de la clause.

REMARQUE : en cas de non-respect de la clause par le salarié, ce dernier perd son indemnité compensatrice et peut être condamné à payer des dommages et intérêts fixés par le tribunal ou un montant contractuellement prévu par une clause pénale.

Le salarié qui passe sous silence une clause de non-concurrence peut être licencié pour faute grave par son nouvel employeur. De même, si ce nouvel employeur connaissait l'existence de la clause de non-concurrence, il peut être condamné à des dommages et intérêts pour complicité.

La clause de non-concurrence fait l'objet d'une nullité relative, c'est-à-dire que seul le salarié peut ne pas demander la nullité d'une clause de non-concurrence qu'il sait invalide pour continuer à percevoir l'indemnité compensatrice.

Une clause de non-concurrence peut figurer dans une convention collective ; elle s'applique même pendant la période d'essai. La renonciation à une clause de non-concurrence peut être négociée.

b) La clause d'exclusivité

La clause d'exclusivité interdit à un salarié d'exercer une autre activité pendant l'exécution de son contrat de travail.

Elle est soumise à des conditions de validité :
- elle doit être indispensable à la protection des intérêts légitimes de l'entreprise (image, secret, comportement loyal) ;
- elle doit être justifiée par la nature de la tâche à accomplir (responsabilité, détention d'informations confidentielles) ;
- elle doit être proportionnée au but recherché (limitée aux activités de même nature ou autorisation).

La clause d'exclusivité est formellement interdite dans un contrat à temps partiel. En cas de violation de la clause par le salarié, cela constitue une faute qui peut conduire au licenciement.

c) La clause de dédit formation

Une clause de dédit formation prévoit que la formation payée par l'employeur devra lui être remboursée en cas de démission.

Cette clause est soumise à des conditions de validité :
- les frais de formation doivent être supérieurs aux dépenses imposées par la loi ou la convention collective ;
- les obligations des parties doivent être proportionnelles, équilibrées. La durée d'application de la clause doit tenir compte de l'importance des frais consentis par l'employeur.

Ex. : 300 € de dépenses, deux ans de validité de clause : disproportion ;

- le montant de l'indemnité doit être proportionnel au montant des dépenses de formation.

Ex. : indemnité = 4 fois les frais de formation : disproportion ;

– le montant de l'indemnité doit être réduit (par *prorata temporis*) compte tenu du temps de respect de la clause

Ex. : réduction de 5 % par an : disproportion ;

– le montant de l'indemnité ne doit pas être tel qu'il prive le salarié de sa faculté de démissionner.

Avant chaque formation, les parties ont l'obligation de signer une convention de dédit formation.

d) La période d'essai

• Définition

La période d'essai constitue une première phase du contrat de travail ; le salarié est rémunéré normalement. La période d'essai permet pour l'employeur d'évaluer les compétences du salarié, dans son travail, notamment au regard de son expérience, et au salarié d'apprécier si les fonctions occupées lui conviennent (article L. 1220-20 du Code du travail).

Pendant la période d'essai, chacune des parties peut rompre unilatéralement ses engagements sans motif, indemnité, préavis ni procédure.

• Durée

La période d'essai et la possibilité de la renouveler ne se présument pas : elle doit être expressément stipulée dans le contrat de travail et/ou la convention collective : lorsqu'elle est imposée (avec une durée fixée) par la convention collective sans pour autant être reprise dans le contrat, elle ne s'appliquera que si le salarié en a pris connaissance. La durée maximale de la période d'essai est fixée par le Code du travail dans son article L. 1221-19 : 2 mois pour les ouvriers et employés, 3 mois pour les agents de maîtrise et techniciens et 4 mois pour les cadres.

• Rupture pendant la période d'essai

Dans certains cas, la rupture pendant la période d'essai est abusive et ouvre droit à des dommages et intérêts pour le salarié.

Cause étrangère à l'essai : le salarié parvient à démontrer que la rupture est due à un fait sans relation avec l'essai.

Fraude à la loi : il existe des situations où l'employeur se sert d'un CDI avec essai pour contourner la loi. Ex. : dans les BTP un CDI avec une longue période d'essai plutôt qu'un CDD afin d'éviter de payer la prime de précarité.

L'employeur peut avoir agi avec légèreté blâmable (louange du travail du salarié qui, de son côté, a engagé des dépenses pensant qu'il était engagé définitivement : dommages et intérêts).

En cas d'accidents de travail ou de maladie professionnelle, la rupture pendant l'essai est nécessairement abusive ; de même la femme enceinte est réputée engagée définitivement.

La durée de la période d'essai n'est pas posée par la loi, toutefois les conventions collectives peuvent prévoir des durées minimales ou maximales, voire imposer des durées. Le contrat de travail ne peut pas prévoir alors de durée supérieure aux limites conventionnelles (lorsque la convention impose une durée d'essai, le contrat de travail peut prévoir une durée plus faible, voire même aucune période d'essai). Dans tous les cas, la durée de la période d'essai (renouvellement compris) ne doit pas être anormalement longue (appréciation au cas par cas par les tribunaux).

- **Renouvellement**

Le renouvellement ne se présume pas, il doit figurer dans le contrat de travail ou dans la convention collective (le salarié doit en avoir pris connaissance) : lorsque l'employeur entend user de la faculté de renouvellement, il doit en informer le salarié avant le terme de la première période, qui doit accepter. La durée de la période d'essai, renouvellement compris, doit être conforme à la durée maximale posée par la convention collective.

Lorsque le salarié tombe malade ou a un accident de travail durant la période d'essai, celle-ci est décalée du temps de l'arrêt.

Lorsque le salarié a déjà conclu un CDD, la durée de celui-ci s'impute sur la période d'essai du CDI qu'on lui a proposé (s'il s'agit de la même tâche).

- **Distinction période d'essai et test professionnel**

Le test est un préliminaire à l'embauche (un procédé de sélection), il n'y a pas de relation contractuelle.

e) La clause de mobilité

• La mobilité fonctionnelle

Il s'agit de la clause par laquelle le salarié accepte par avance d'être affecté à un autre poste que celui prévu à l'origine.

Les conditions de validité sont les suivantes :

— les nouvelles fonctions susceptibles d'être occupées par le salarié doivent toujours faire appel au même ensemble de compétences et de connaissances du salarié, c'est-à-dire qui répondent à sa qualification ;
— l'existence de la clause de mobilité ne doit pas entraîner une modification d'autres éléments du contrat tels que la rémunération, le lieu...

REMARQUE : dans le cas du remplacement d'un salarié provisoirement dans un poste supérieur, l'employeur doit rémunérer le salarié selon les fonctions réellement exercées, le salarié réintégrant son poste antérieur avec son salaire antérieur lorsque le remplacement est terminé.

Si le salaire du poste de remplacement est inférieur, le salaire est maintenu.

• La clause de mobilité géographique

Il s'agit de la clause par laquelle le salarié accepte par avance une modification possible de son lieu de travail permanent.

Les conditions de validité sont les suivantes :
— l'employeur doit prévenir le salarié suffisamment à l'avance ;
— l'employeur ne doit pas abuser de ce droit, c'est-à-dire que la mutation doit correspondre aux intérêts de l'entreprise.

Ex. : un employeur qui mute un salarié « gênant ».

Si le salarié ne respecte pas la clause, il commet une faute parfois grave, lorsque ce dernier met de la mauvaise volonté à exécuter ses obligations.

REMARQUE : à défaut de clause de mobilité, l'employeur peut néanmoins muter son salarié, en vertu de son pouvoir de direction, dès lors que la mutation s'effectue dans le même secteur géographique, c'est-à-dire le même bassin d'emploi ou la même zone urbaine. Les juges apprécient alors la distance kilométrique, les embouteillages ou les moyens de transport collectif.

Dans ce cas, il s'agit d'un simple changement des conditions de travail ; à l'inverse, si la mutation a lieu dans un secteur géographique différent, sans clause de mobilité, cela constitue une modification du contrat.

f) La clause de résidence

Il s'agit de la clause qui impose au salarié de demeurer à proximité du lieu de travail.

Les conditions de validité sont les suivantes :
- elle doit être indispensable à la protection des intérêts légitimes de l'entreprise ;
- elle doit être proportionnée au but recherché (distance, indemnité, compensation de loyer) ;
- elle doit être justifiée par la nature de l'emploi occupé.

g) Autres clauses

• La clause couperet

Cette clause prévoit la fin du contrat de travail dès que le salarié aura atteint un certain âge ou pourra bénéficier d'une pension de retraite à taux plein : cette clause est nulle (réputée non écrite).

• La clause compromissoire

Elle prévoit que les litiges individuels de travail seront réglés non pas par les conseils de prud'hommes, mais par voix d'arbitrage : cette clause est interdite.

B. Les conditions de forme et de preuve

1) La forme

Aucune forme n'est imposée. Le CDI doit être obligatoirement écrit depuis la directive européenne de juillet 1993 qui impose à tout employeur de remettre au salarié dans les deux mois suivant l'embauche un document comprenant les mentions obligatoires suivantes :
- identités employeur / salarié ;
- lieu de travail ;
- titre, catégorie d'emploi, qualité ;
- date de début de contrat ;
- congés payés ;
- préavis ;

– salaire et périodicité de versement ;
– durée du contrat, journalière ou hebdomadaire ;
– conventions ou accords collectifs applicables.

Passé ce délai de 2 mois, le salarié peut mettre en demeure l'employeur de s'exécuter ; l'absence de réponse de l'employeur dans les 15 jours permet ensuite le recours judiciaire.

Le contrat doit comporter des formes biens précises. L'employeur doit s'acquitter de certaines formalités obligatoires quand il embauche un salarié :
– dans les 8 jours précédant l'embauche, déclaration à l'URSSAF ;
– le jour de l'embauche, inscription sur le registre unique du personnel ;
– dans les 48 heures, information à Pôle emploi ;
– dans les 8 jours, immatriculation à la Sécurité sociale (du salarié jamais immatriculé) ;
– avant la fin de la période d'essai, visite médicale ;
– dans les 8 jours du mois suivant l'embauche, déclaration à la DIRECCTE ;
– dans les 2 mois, remettre le CDI.

Si les formalités ne sont pas respectées, il s'agit d'un délit de travail dissimulé.

2) La preuve

La charge de la preuve incombe à celui qui invoque l'existence du contrat de travail (très souvent le salarié). Lorsque l'employeur est commerçant, la preuve peut se faire par tous moyens ; mais lorsque le salarié ne peut rapporter une preuve écrite, le juge accepte la preuve par tous moyens.

C. Les juridictions compétentes

Les litiges individuels relèvent de la compétence du Conseil de prud'hommes.

Les litiges collectifs relèvent de la compétence du TGI.

Exercices d'entraînement

Exercice 1

L'entreprise BATIMO cherche à recruter, par voie d'annonces, un carreleur et un cadre par contrat à durée indéterminée.
M. BARBEAU, qui a obtenu, en juin 2013, son certificat d'aptitude professionnelle au métier de carreleur, est convoqué pour un test professionnel qu'il subit le 30 juin sous le contrôle de M. GUMUS. La réponse est immédiate, sa candidature est retenue, il commence à travailler le 1er juillet 2012. Pendant le mois de juillet, il travaille en toute autonomie sur différents chantiers aux jours ouvrés de l'entreprise. Le 31 juillet, son contrat de travail lui est remis pour signature. Il indique que « l'embauche définitive sera précédée d'un mois d'essai éventuellement prorogé d'un mois ». M. BARBEAU signe le contrat en y portant la date du jour. Le 26 septembre 2012, le secrétariat de BATIMO lui remet un courrier mettant fin à l'essai. M. BARBEAU demande des explications à l'employeur qui lui répond ce qui suit : « vous êtes jeune dans le métier, juillet était un mois de test. Je me suis conformé à la loi applicable à la période d'essai, puisque la rupture a été portée à votre connaissance avant la fin du mois de renouvellement de votre période d'essai ». Furieux, M. BARBEAU va consulter un délégué syndical qui lui conseille de saisir les tribunaux pour se faire dédommager.
1. Pensez-vous que l'on puisse considérer juillet comme un mois de test ?
2. M. BARBEAU pourrait-il obtenir des indemnités liées à la rupture intervenue fin septembre ?

Exercice 2

M. DAUMAS a été recruté comme cadre. Il est chargé des relations avec les organismes publics et parapublics du département et de la région. Il a notamment la charge de constituer les dossiers de soumission aux appels d'offres. Son contrat de travail comporte une clause de non-concurrence lui interdisant, au niveau du département et pendant une durée de 2 ans, d'ouvrir une entreprise concurrente ou de travailler dans une entreprise concurrente dont l'activité est construction, rénovation, vente d'immeubles.
Cette clause vous semble-t-elle valable ?

Test de connaissances

1. Question de cours

Définir intérêts et rupture de la période d'essai.

2. Vrai / Faux

1. Le contrat de travail est précisément défini par le Code du travail.
   - Vrai
   - Faux

2. Le lien de subordination est l'élément distinctif du contrat de travail.
   - Vrai
   - Faux

3. Le contrat de travail détermine le statut de salarié, qui lui-même détermine l'application du droit du travail.
   - Vrai
   - Faux

4. Le contrat de travail à durée indéterminée est le contrat de travail le plus répandu.
   - Vrai
   - Faux

5. Le contrat de travail précise les obligations de l'employeur en matière de salaire, de durée du travail et de tâches confiées au salarié.
   - Vrai
   - Faux

6. Le chef d'entreprise est absolument libre de recruter des salariés en les sélectionnant selon ses propres critères.
   - Vrai
   - Faux

7. La clause d'exclusivité protège le salarié.
   - Vrai
   - Faux

8. Le choix entre les différentes formes de contrat de travail est libre.
   - Vrai
   - Faux

9. La période d'essai est obligatoire.
   - Vrai
   - Faux

10. L'offre suivante est conforme aux exigences légales : « Recherche aide comptable H/F, expérience 3 ans minimum, non-fumeurs ».
    - Vrai
    - Faux

Cas de synthèse

COUR DE CASSATION, 16 mars 2005. Rejet.

Attendu que M. MANDIN a été engagé, le 1er février 1999, en qualité d'ouvrier maraîcher par le GAEC Les Jardins Réunis, pour l'exécution de travaux saisonniers, selon un contrat à durée déterminée sans terme défini, qui s'est poursuivi par un contrat à durée indéterminée ; qu'ayant démissionné le 16 octobre 2001, il a quitté son emploi le 26 octobre suivant à la demande de l'employeur ; qu'il a saisi la juridiction prud'homale de diverses demandes ; que l'employeur a sollicité à titre reconventionnel le remboursement de frais de formation ;

Sur le moyen :

Attendu que l'employeur fait grief au jugement de l'avoir débouté de sa demande d'application de la clause de dédit-formation ;

Mais attendu que l'engagement du salarié de suivre une formation à l'initiative de son employeur et, en cas de démission, d'indemniser celui-ci des frais qu'il a assumés, doit, pour être valable, faire l'objet d'une convention particulière conclue avant le début de la formation et qui précise la date, la nature, la durée de la formation et son coût réel pour l'employeur, ainsi que le montant et les modalités du remboursement à la charge du salarié ;

Et attendu que le Conseil de prud'hommes a relevé que la clause de dédit-formation avait été signée après la formation suivie par le salarié ;

D'où il suit que le moyen doit être écarté ;

PAR CES MOTIFS ;

REJETTE le pourvoi ;

Travail à faire

1. Indiquer la procédure et justifier-la.

2. Quel est le contenu de la clause de dédit-formation ? Quel est son intérêt ?

3. Suite à l'arrêt du 16 mars 2005, quelles précautions les employeurs doivent-ils prendre en matière de dédit-formation ?

3 Le choix du salarié et du contrat

Synthèse des connaissances

Le choix du salarié par l'employeur peut être entravé par certaines dispositions légales ou conventionnelles (contractuelles). Le choix du contrat de travail est également réglementé.

1 - Les entraves au libre choix

A. Les entraves légales

1) Les priorités d'embauche

a) Les travailleurs handicapés

Les entreprises de 20 salariés au moins doivent embaucher un quota de 6 % de leur effectif de travailleurs handicapés.

L'article L. 5213-1 du Code du travail dispose que sont considérées comme handicapées « les personnes dont les possibilités d'obtenir ou de conserver un emploi sont effectivement réduites par suite de l'altération d'une ou plusieurs fonctions physique, sensorielle, mentale ou psychique ».

C'est la commission des droits et de l'autonomie des personnes handicapées (CDAPH qui s'est substituée depuis le 1er janvier 2006 à la COTOREP et aux CDES) qui peut reconnaître la qualité de travailleur handicapé : les victimes d'accident du travail ou maladie professionnelle ayant une incapacité permanente d'au moins 10 %, les titulaires d'une pension d'invalidité (cette invalidité doit réduire de 2/3 au moins la capacité de travail ou de gain), les personnes assimilées (orphelin ou veuve de guerre, plus de 50 ans...).

L'employeur peut s'acquitter de cette obligation de différentes manières : par exemple en accueillant des stagiaires handicapés (au moins 150 heures), en sous-traitant à des ateliers protégés ou encore en concluant des accords d'entreprise en faveur des handicapés.

Dans les autres cas, les entrepreneurs doivent verser une contribution à l'association de gestion du fonds pour l'insertion des personnes handicapées.

b) Les salariés licenciés économiques

Les salariés licenciés économique bénéficient d'une priorité de réembauchage à la condition de le faire savoir à l'employeur dans le délai d'un an à compter du licenciement.

c) Les salariés à temps partiel

Les travailleurs à temps partiel sont prioritaires lorsqu'un poste à temps complet est proposé.

2) Les limites à l'embauche

La principale limite concerne toute forme de discrimination (mœurs, religion, origine...).

Le défenseur des droits peut prononcer des sanctions, être saisi par des individus, saisir le parquet et valider le procédé du « testing ».

a) Les mineurs

Les mineurs ne peuvent être embauchés qu'à partir de 16 ans car ils doivent, pour travailler, être libérés de l'obligation scolaire. Avant 16 ans, il existe des dérogations :

- sur autorisation de l'inspecteur du travail pour les mineurs de 14 à 16 ans souhaitant travailler pendant les vacances scolaires ;
- en cas de contrat d'apprentissage, à partir de 15 ans ;
- sur autorisation du préfet (embauche de mineurs de moins de 16 ans dans le secteur artistique ou les activités du mannequinat).

Certains travaux leur sont interdits (dangereux pour leur moralité, limite de charges, mines et carrières ou encore le travail de nuit). Ils ne peuvent être embauchés plus de 4h30 par jour sans pause obligatoire de 30 minutes ; ils ont droit à un repos quotidien de 12 heures et à 2 jours de repos par semaine (SMIC jeune < SMIC).

b) Les étrangers

Il leur faut soit une carte de séjour, soit une carte de résident. Il en va de la responsabilité de l'employeur qui doit vérifier que le travailleur a bien ses titres.

Si un employeur a recourt à une main-d'œuvre recrutée à l'étranger, il doit effectuer des démarches auprès de l'agence nationale d'accueil des étrangers.

Les étrangers ont les mêmes droits que les travailleurs français, mais ils peuvent prendre leurs 5 semaines de congé en une seule fois.

B. Les limites contractuelles

1) La clause d'exclusivité

La clause d'exclusivité interdit à un salarié d'exercer une autre activité pendant l'exécution de son contrat de travail.

2) La clause de non-concurrence

La clause de non-concurrence interdit aux salariés, après rupture du contrat de travail pour quelques causes que ce soit, d'exercer les activités visées qui pourraient faire concurrence à l'employeur, soit en se mettant aux services d'un concurrent, soit en s'établissant à son compte (cf. les clauses).

2 - Le choix de la durée du contrat

A. Le contrat de travail à durée déterminée

1) Les cas de recours

Les entreprises sont autorisées à conclure des CDD seulement pour répondre à des besoins précaires.

Un CDD ne peut avoir ni pour objet ni effet de pourvoir durablement un emploi lié à l'activité normale de l'entreprise, sinon il y a présomption irréfragable de CDI.

Un CDD peut être conclu dans 3 cas :
- le remplacement d'un salarié : le recours au CDD s'effectue pour remplacer un salarié absent, pour remplacer un salarié dont le départ est définitif et dans l'attente de supprimer son poste ou dans l'attente de l'entrée définitive d'un salarié en CDI ;
- l'accroissement temporaire d'activité ;
- les emplois saisonniers ou emplois temporaires par nature, c'est-à-dire qui relèvent de secteurs d'activités définis pour lesquels il est d'usage de ne pas recourir au CDI.

2) L'utilisation interdite d'un CDD

Le recours au CDD est interdit dans les cas suivants :
- interdiction de remplacement à la suite d'un conflit collectif de travail ;
- travaux dangereux ;
- dans un établissement ayant procédé à un licenciement économique.

Les entreprises n'ont pas le droit de recourir à un CDD dans un délai de 6 mois pour les postes concernés. Cependant cette interdiction ne s'applique pas lorsque le CDD n'excède pas 3 mois (commande exceptionnelle à l'export).

3) L'établissement du CDD

Le CDD doit être écrit et doit comporter certaines mentions obligatoires (ex. : cas du remplacement d'un salarié : le nom du salarié remplacé).

Toute irrégularité dans un CDD entraîne une présomption irréfragable de CDI.

Le CDD doit comporter le terme de l'engagement : ce terme peut être précis (ex. : 6 mois) ou imprécis (ex. : retour du salarié absent).

a) La période d'essai

Pendant la période d'essai, le CDD peut être rompu sans préavis, motif, indemnité ni procédure (cf. période d'essai). Cette période d'essai est limitée à hauteur de 1 jour par semaine dans la limite de 2 semaines si le contrat de travail n'excède pas 6 mois ; elle est limitée à 1 mois si la durée est supérieure à 6 mois.

b) La durée du contrat

Un CDD peut être conclu avec un terme précis :
- la durée ne peut excéder 18 mois (renouvellement compris) ;
- cette durée est réduite à 9 mois dans l'attente d'un salarié en CDI ou lorsqu'il s'agit de la réalisation de travaux urgents (mesure de sécurité) ;
- la durée est portée à 24 mois si le contrat est exécuté à l'étranger, ou s'il s'agit du départ définitif d'un salarié précédant la suppression du poste ou dans le cas d'une commande exceptionnelle à l'export (dans ce cas, le CDD ne peut pas être inférieur à 6 mois).

Un CDD peut être conclu avec un terme imprécis : la durée n'est pas limitée dans le temps mais le contrat peut indiquer une durée minimum d'emploi.

c) Le renouvellement

Le contrat ne peut être renouvelé qu'une fois (le CDD et son renouvellement ne devant pas excéder 18 mois). Au-delà des durées maximales, il existe une présomption irréfragable de CDI.

d) La succession de contrats

En principe, le Code du travail interdit les successions de CDD. Toutefois, un poste occupé en CDD ne peut être occupé à nouveau avant un délai d'attente égal au tiers de la durée du CDD précédent (renouvellement compris s'il y a lieu).

Aucun délai n'est imposé en cas de travaux urgents pour des mesures de sécurité, d'emplois saisonniers ou temporaires par nature, ou remplacement de salarié si celui-ci s'absente à nouveau.

4) La rupture du CDD

a) Les cas de rupture anticipée : valable ou abusive

Est considérée comme une rupture anticipée valable :
- pendant la période d'essai (cf. période d'essai) ;
- en cas de faute grave du salarié ou de force majeure ;
- transformation du CDD en CDI ou alors un CDI trouvé par le salarié ;
- d'un commun accord, ou la modification du contrat de travail.

Est considérée comme abusive, la rupture anticipée pour :
- faute de l'employeur ou aucune faute du salarié ;
- hors période d'essai ;
- modification d'un contrat avec clause (rupture de la part du salarié) ou la démission.

Dans ce cas, la rupture ouvre droit à une indemnité au moins égale aux rémunérations restant dues, pour l'employeur ou le salarié selon qui est à l'origine de la rupture du CDD.

b) La rupture par l'arrivée du terme

Le salarié bénéficie d'une prime de précarité de 10 % des salaires perçus pouvant être ramenée jusqu'à 6 % selon la convention collective.

(Cette indemnité ne concerne pas les emplois saisonniers ou temporaires par nature.)

B. Le contrat de travail temporaire (CTT)

1) La forme du CTT

Le travail temporaire se caractérise par une relation triangulaire entre :
- l'entreprise de travail temporaire : l'employeur ;
- un salarié en mission : lié à l'entreprise d'intérim par un contrat de travail ;
- une entreprise utilisatrice, client de l'entreprise d'intérim.

Toutes les missions sont soumises aux mêmes conditions qu'un CDD (même recours, forme...).

Le contrat de mise à disposition lie deux entreprises. Il doit être écrit et conclu dans les 2 jours ouvrés suivant la mise à disposition du salarié et doit mentionner : le motif, les caractéristiques du poste, la durée de la mission, le montant de rémunération.

Le contrat de mission lie le salarié à l'entreprise de travail temporaire. Outre les mentions précédentes, il doit indiquer : la qualification du salarié, l'indemnité de précarité, le nom et l'adresse de la caisse de retraite complémentaire de l'entreprise.

Le contrat peut également comporter une période d'essai limitée à 2 jours si le CTT est inférieur à 1 mois, 3 jours si le CTT est inférieur à 2 mois et 5 jours au-delà.

2) La fin du CTT

Le terme de la mission peut être avancé ou retardé de 1 jour pour 5 jours travaillés :
- si la mission est inférieure à 10 jours, le terme peut être retardé ou avancé de 2 jours ;
- si la mission est supérieure à 10 jours, le terme peut être retardé de 1 jour pour 5 jours de travail effectués dans les limites maximales prévues par la loi, ou avancé de 1 jour de travail pour 5 jours de travail effectués, limités à 10 jours.

À la fin de la mission, le salarié perçoit une prime de précarité égale à 10 % des rémunérations brutes perçues durant la durée du travail (6 % si la convention collective le prévoit).

Exercices d'entraînement

Exercice 1

Monsieur Lebrun a été embauché en CDD au mois de janvier dernier afin de pourvoir au remplacement d'un salarié en arrêt de travail pour maladie. Le salarié absent pour maladie reprend son poste le 30 juin. Un nouveau CDD lui a été proposé le 1er juillet pour le même motif afin de remplacer un autre salarié tombé malade, pour une durée minimale de trois mois.

Mais affecté cette fois dans un secteur plus sensible de l'entreprise, Monsieur Lebrun s'est vu proposer une clause de non-concurrence proscrivant toute embauche chez un concurrent direct pendant une durée de deux ans. Une indemnité de 10 % du montant du salaire brut constitue la contrepartie financière de cet engagement. L'avenant à son contrat de travail a été signé fin juillet.

Le 15 septembre, Monsieur Lebrun vient de signifier la rupture unilatérale de son contrat au motif de son recrutement en CDI dans une autre entreprise. Il a fixé son départ au 18 septembre.

1. Monsieur Lebrun peut-il rompre son contrat de travail ?

2. Le DRH peut-il s'opposer à son départ le 18 septembre ?

Exercice 2

Mme HEIDFELD a été mise à la disposition de la société NAUDET en qualité de secrétaire pour effectuer différentes missions d'intérim du 11 au 28 février 2014 puis du 3 au 14 mars 2014.

Elle a ensuite été embauchée par l'entreprise utilisatrice en contrat à durée déterminée du 1er avril au 30 mai 2014. Ce contrat a été prorogé jusqu'au 31 juillet 2014.

Le 1er septembre, un contrat de travail à durée indéterminée a été conclu entre les parties (Mme HEIDFELD et la société NAUDET).

Quelques jours plus tard, le 12 septembre 2014, l'employeur met fin à l'essai.

S'estimant abusée par la pratique de l'employeur, Madame HEIDFELD entend saisir le tribunal pour, dit-elle, « défendre jusqu'au bout ses droits ».

1. Après avoir expliqué le mécanisme contractuel du travail temporaire, il vous est demandé de préciser dans quelles situations doit-on y recourir ?

2. Qu'en est-il du lien de subordination et des droits et obligations du salarié embauché en travail temporaire au sein de l'entreprise utilisatrice ?

3. Quelle analyse juridique peut-on faire sur le recours au contrat de travail temporaire ?

Test de connaissances

1. Question de cours

Définir motifs de recours, durée, renouvellement et succession du contrat à durée déterminée

2. Vrai / Faux

1. Le contrat à durée déterminée et le contrat de travail temporaire sont des contrats au service de la flexibilité de l'entreprise.
   - ☐ Vrai ☐ Faux

2. Un salarié a occupé pendant 5 ans des contrats à durée déterminée successifs sur le même poste de travail. Il demande la requalification du CDD en CDI devant le Conseil de prud'hommes. Le recours devant le Conseil de prud'hommes a une chance d'aboutir.
   - ☐ Vrai ☐ Faux

3. Le contrat de travail à durée déterminée est un contrat obligatoirement écrit.
   - ☐ Vrai ☐ Faux

4. M. JACQUES passe avec succès son entretien d'embauche. Son employeur lui adresse une promesse d'embauche. Quelques jours après, l'employeur annule celle-ci sans motif. M. JACQUES dispose d'une action devant le Conseil de prud'hommes.
   - ☐ Vrai ☐ Faux

5. M. LEROY n'a pas été engagé. Dans le courrier lui indiquant le rejet de sa candidature, il est écrit : le poste n'est pas adapté à une personne homosexuelle. Il décide d'engager une action en justice. Le Conseil de prud'hommes est compétent.
   - ☐ Vrai ☐ Faux

6. La durée maximale du contrat de travail temporaire est identique à celle du contrat à durée déterminée.
   - ☐ Vrai ☐ Faux

7. Le contrat à durée déterminée ne peut être jamais rompu de façon anticipée.

☐ Vrai ☐ Faux

8. Le terme d'un contrat de travail temporaire de 6 mois peut être avancé de 1 jour de travail en moins pour 5 jours de travail effectué, limité à 10 jours.

☐ Vrai ☐ Faux

9. Le contrat conclu entre une agence intérim et un salarié se nomme un contrat de mise à disposition.

☐ Vrai ☐ Faux

10. Pendant l'exécution du contrat de mission, l'entreprise de travail temporaire délègue à l'entreprise utilisatrice son lien de subordination.

☐ Vrai ☐ Faux

Cas de synthèse

Entre les soussignés :

Les Délices de Saturnin, SA, domiciliée 8 rue de camarade à Pavie, représentée par Mme Leroux Anne, agissant en qualité de Directrice des Ressources Humaines.

Ci-après dénommée la Société, d'une part,

Et :

Stéphane Nebout, domicilié au 14, rue Belle Fleur à Auch, d'autre part,

Il est arrêté et convenu ce qui suit :

La société engage Stéphane Nebout par contrat de travail à durée déterminée à compter du 1er juin 2013 en qualité d'agent de production.

Il est rappelé que, lors de son entrée dans l'entreprise, M Nebout a reçu un exemplaire du règlement intérieur dont il a pris connaissance et dont il s'engage à respecter les conditions. Le salarié est soumis aux mêmes dispositions conventionnelles et légales que l'ensemble des salariés et bénéficie, à ce titre, des mêmes droits et usages en vigueur.

ARTICLE 1 - MOTIF

Ce contrat est conclu en raison de l'accroissement temporaire d'activité résultant d'une commande exceptionnelle.

ARTICLE 2 - DURÉE - RENOUVELLEMENT

Stéphane Nebout est engagé du 1er juin au 30 novembre inclus. À l'échéance du terme, le contrat pourra être éventuellement renouvelé.

ARTICLE 3 - FONCTIONS [...]

ARTICLE 4 - RÉMUNÉRATION

En contrepartie de ses services, M. Nebout percevra une rémunération mensuelle brute de 1 517 euros pour l'horaire de travail collectif à temps plein de 35 heures hebdomadaires, effectuées selon les dispositions en vigueur dans l'entreprise.

À la fin du contrat, Stéphane Nebout percevra une indemnité de fin de contrat en application des dispositions légales en vigueur

ARTICLE 5 - LIEU DE TRAVAIL

Le lieu de travail de M. Nebout sera situé 8 rue de camarade à Pavie. [...]

Fait à Pavie, le 31 mai 2013

Stéphane Nebout Anne Leroux

Directrice des Ressources Humaines

Travail à faire

1. Qualifier le contrat présenté ci-dessus.

2. Quelle est la durée de la période d'essai prévue ? Expliquer quel est son rôle ?

3. Quel est le motif de recours prévu dans le contrat ? Citez deux autres motifs de recours que vous connaissez.

4 La vie au travail

Synthèse des connaissances

1 - La durée du travail, le temps de travail et les congés du salarié

A. La durée légale

La durée légale du travail effectif est fixée à 35 heures hebdomadaires.

La loi définit la notion de travail effectif dans son article L. 3121-1 du Code du travail comme un temps pendant lequel le salarié :
— est à la disposition de l'employeur ;
— se conforme à ses directives ;
— ne peut vaquer à des occupations personnelles.

Des situations voisines peuvent poser problème.

1) Le temps d'habillage et de déshabillage

En principe, les temps nécessaires à l'habillage/déshabillage ne constituent pas du travail effectif, sauf convention, accord, usage ou stipulation dans le contrat.

Cependant, lorsque la tenue est imposée par la législation, le règlement intérieur et que l'habillage/déshabillage doit être réalisé sur le lieu de travail, les temps nécessaires à ces opérations doivent faire l'objet de contreparties soit financière, soit sous forme de repos déterminé par convention ou accord.

2) Le temps de restauration

Le temps de restauration n'est pas du travail effectif, sauf si l'on répond à la définition (du travail effectif) pendant le repas.

3) Le temps de repos

La loi impose un repos obligatoire de 20 minutes toutes les 6 heures. Ce n'est pas du temps de travail effectif. Certaines conventions prévoient tout de même des compensations financières.

4) Le temps de déplacement professionnel

Le temps de déplacement professionnel pour se rendre sur le lieu d'exécution du contrat (à ne pas confondre avec le temps pour se rendre sur le lieu de travail) n'est pas du temps de travail effectif.

Toutefois, s'il dépasse le temps normal de trajet domicile/lieu de travail, il doit faire l'objet d'une contrepartie soit financière, soit sous forme de repos déterminé par convention, accord ou décision unilatérale de l'employeur après consultation du Comité d'entreprise (CE) et/ou du délégué du personnel (DP).

La part de ce temps de déplacement professionnel ne doit pas entraîner de perte de salaire.

5) Le temps d'astreinte

L'astreinte est la période pendant laquelle le salarié, sans être à la disposition permanente et immédiate de l'employeur, a l'obligation de demeurer à son domicile ou à proximité afin d'être en mesure d'intervenir pour accomplir un travail au service de l'entreprise.

Seul le temps d'intervention est du temps de travail effectif. Le temps d'attente doit faire l'objet d'une contrepartie financière ou sous forme de repos déterminée par convention ou accord, ou par décision unilatérale de l'employeur après consultation du CE ou DP et information de l'inspection du travail.

REMARQUE : la période d'astreinte est décomptée pour le droit au repos quotidien et hebdomadaire.

6) Le temps d'équivalence

Certaines professions comportant des périodes d'inaction ont une durée de temps de travail prévue par décret supérieure à la durée légale (ex. : veilleur de nuit, 55 heures).

Dorénavant, les heures d'équivalence ne peuvent résulter que d'un décret. Les périodes d'inaction sont rémunérées conformément à l'usage, convention ou accord.

La loi fixe également des durées maximales de travail effectif :
— 10 heures par jour (12 heures si convention ou accord collectif) ; l'inspecteur du travail peut également accepter des dérogations ;

– 48 heures par semaine, voire 60 heures sur accord de la direction départementale du travail et de l'emploi ;
– 44 heures par semaine pour 12 semaines consécutives, voire 46 heures si convention ou accord collectif.

B. Les heures supplémentaires et le repos compensatoire

Toute heure effectuée au-delà de la 35e heure hebdomadaire de travail effectif ou de la durée considérée comme équivalente constitue une heure supplémentaire.

L'employeur peut librement recourir aux heures supplémentaires (elles s'imposent donc aux salariés) sous réserve de respecter les durées maximales, d'en informer l'inspection du travail et de respecter les limites d'un contingent annuel d'heures supplémentaires par salarié.

2 types de contingents existent :
– un contingent réglementaire, fixé à 220 heures ;
– un contingent conventionnel, fixé par accord ou convention et qui peut être supérieur ou inférieur au contingent réglementaire de 220 heures.

Au-delà de ce contingent réglementaire ou conventionnel, l'employeur doit demander l'autorisation à l'inspecteur du travail et consulter le Comité d'entreprise (CE) ou les délégués du personnel (DP) (exception : attention au régime des heures choisies). Lorsqu'une convention ou un accord le prévoit, le salarié, en accord avec son employeur, peut effectuer des heures au-delà du contingent annuel, sans avoir à demander l'accord de l'inspecteur du travail. En principe toute heure supplémentaire s'impute sur le contingent sauf :
– pour les entreprises de 20 salariés ou moins : la 36e heure ne s'impute pas ;
– les heures pour travaux urgents ;
– les heures de repos compensatoire de remplacement.

Les heures supplémentaires donnent lieu à une majoration de salaire, sauf lorsque l'entreprise choisit par convention ou accord de branche ou d'entreprise le remplacement de tout ou partie du paiement des heures supplémentaires et de leur majoration par du repos compensatoire de remplacement.

En principe, les 8 premières heures (36 à 43) sont payées avec 25 % de majoration et les suivantes (44 et +) avec 50 % de majoration.

REMARQUE : une convention ou accord étendu ou d'entreprise peut ramener les taux de majoration pour heures supplémentaires (25 % et 50 %) à un taux inférieur, au minimum égal à 10 %. Les heures supplémentaires donnent également droit à un repos compensateur légal sauf pour les heures choisies.

Attention, les cadres ne sont pas soumis strictement aux règles de durée d'heures supplémentaires légales, maximum, repos...

C. L'aménagement du temps de travail

Il est possible de faire varier la durée du travail, à l'intérieur d'un cycle ou de la moduler sur tout ou partie de l'année.

1) Les cycles de travail

La durée du travail peut être sous forme de cycles de travail qui se répètent à l'identique avec des durées de quelques semaines (8 à 12), dans les entreprises qui travaillent en continue et à la condition qu'un décret, accord ou convention l'autorise.

Au cours du cycle, certaines semaines seront travaillées plus de 35 heures et d'autres moins, mais ne seront considérées comme heures supplémentaires que les heures qui dépassent la durée moyenne de 35 heures par semaine sur la durée du cycle.

2) La modulation

La modulation permet la flexibilité du travail par variation de sa durée hebdomadaire. Celle-ci peut varier sur tout ou partie de l'année, à condition que, sur un an, elle n'excède pas un plafond de 1 607 heures (l'accord peut prévoir un plafond inférieur). La modulation se concrétise par un accord permettant d'éviter le paiement des heures supplémentaires. Toutefois, si la durée est supérieure à 1 607 heures, le salarié aura droit au paiement majoré des heures supplémentaires et au repos compensateur légal (RCL).

Les durées maximales doivent néanmoins être respectées. Le salarié doit être informé du programme indicatif de la répartition de la durée du travail, sachant que ce programme peut être modifié avec un délai de prévenance de 7 jours (voire moins si accord et si contrepartie). L'accord de modulation doit être soumis pour avis au CE et/ou délégué du personnel (DP) et doit être affiché dans l'entreprise (*idem* pour les modifications).

Chaque année, le chef d'entreprise doit faire un bilan de la modulation et le présenter au CE ou DP.

D. Le travail à temps partiel

Le contrat de travail à temps partiel est réglementé par les articles L. 3123-1 et suivants du Code du travail.

La loi définit les salariés à temps partiel : sont considérés comme salariés à temps partiel les salariés dont la durée de travail est inférieure :

– à la durée légale du travail : 35 heures hebdomadaires (ou conventionnelle) ;
– à la durée mensuelle, résultant de l'application sur cette période de la durée légale du travail (151.67 heures par mois) ;
– à la durée annuelle : 1 607 heures ou la durée annuelle conventionnelle.

Les horaires à temps partiel peuvent être instaurés au moyen d'un accord collectif ou par décision du chef d'entreprise après avis du CE, DP et information de l'inspection du travail. Un salarié à temps complet ne peut pas être contraint d'accepter un temps partiel car il y a modification du contrat de travail.

Les salariés à temps partiel sont prioritaires pour l'attribution d'un temps complet. Un salarié à temps complet peut demander un temps partiel, tantôt suivant ce que prévoit la convention collective, tantôt par demande au chef d'entreprise par lettre recommandée avec accusé de réception précisant la date (elle doit être postérieure au moins de 6 mois à la lettre). L'employeur est obligé de répondre dans les 3 mois.

Le salarié peut également demander un congé parental à temps partiel. Le contrat de travail à temps partiel peut être en CDI, CDD. Il doit être obligatoirement écrit, comporté des mentions obligatoires (qualification, salaire, durée, répartition de la durée sur la semaine, le mois ou l'année, en cas de modification de cette répartition, les limites d'heures complémentaires et la période d'essai éventuelle).

REMARQUE : la répartition des périodes de travail peut être modifiée à la condition de respecter un délai de prévenance de 7 jours, voire 3 jours si il y a un accord et une contrepartie.

Des heures complémentaires peuvent être effectuées, sans pour autant atteindre la durée légale ou conventionnelle dans la limite de 10 % de la durée prévue au contrat ou au tiers si accord et convention. Le salarié doit être informé des heures complémentaires au moins 3 jours à l'avance et le refus d'en exécuter ne constitue pas une faute.

Le recours aux heures supplémentaires est interdit.

Les horaires ne doivent pas comporter une interruption de plus de 2 heures.

Un accord de modulation à temps partiel est possible (< 1 607 h).

Les salariés à temps partiel ont les mêmes droits que les salariés à temps complet.

REMARQUE : depuis le 1er juillet 2014, les contrats de travail des salariés engagés à temps partiel doivent, en principe, totaliser au moins 24 heures par semaine. Un certain nombre d'exceptions ou de dérogations à cette durée minimale sont cependant prévues par la loi.

E. Le travail de nuit

La loi définit le travailleur de nuit dans ses articles L. 3122-38 et suivants du Code du travail.

Est considéré comme période de travail de nuit, tout travail effectué entre 21 heures et 6 heures (22 heures – 6 heures pour les 16-18 ans et 20 heures – 6 heures pour les moins de 16 ans).

Par convention ou accord de branche ou d'entreprise, une autre période peut être substituée à la première : elle doit comprendre une période de 9 heures consécutives, situées entre 21 heures et 7 heures mais comprenant en tout état de cause la période entre 24 heures et 5 heures (travail obligatoire, au moins une heure, pendant cette période).

À défaut d'accord, cette substitution peut être autorisée par l'inspecteur du travail après consultation des délégués syndicaux.

Est considéré comme travailleur de nuit, toute personne qui :
- soit, accomplit au moins 2 fois par semaine, selon son horaire de travail habituel, au moins 3 heures de son temps de travail quotidien durant la période de travail de nuit ;
- soit, au cours d'une période de référence, accomplit un nombre minimal d'heures de travail de nuit, fixé par convention ou accord collectif étendu ou à défaut par décret en Conseil d'État.

Le travailleur de nuit a droit à des contreparties sous forme de compensation salariale ou de repos compensateur, fixées par convention, accord ou à défaut par l'employeur toujours après avis auprès du CE, DP.

La durée maximale du travail de nuit est de 8 heures par jour, voire 12 heures maximum si convention ou accord ou inspection du travail ; 40 heures sur 12 semaines consécutives pouvant aller jusqu'à 44 heures.

REMARQUE : un salarié peut demander son affectation à un poste de jour pour des obligations familiales impérieuses (enfant ou personne à charge) ou pour des raisons de santé constatées par le médecin du travail. Dans ce dernier cas, le travailleur de nuit doit être transféré temporairement ou définitivement sur un poste de jour identique sinon le licenciement peut être envisagé.

Le salarié de jour peut refuser une affectation à un poste de nuit si celui-ci est incompatible avec ses obligations familiales impérieuses.

F. Les congés

1) Le repos quotidien

Le salarié doit effectuer une pause obligatoire de 20 minutes minimum au bout de 6 heures.

Tout salarié doit bénéficier d'un repos quotidien d'une durée minimale de 11 heures consécutives (sauf accord ou convention).

L'amplitude de travail est limitée à 13 heures sur une même journée civile de 0 heures à 24 heures.

2) Le repos hebdomadaire

Les articles L. 3132- à L. 3132-3-1 du Code du travail fixent les règles suivantes :
– un salarié ne doit pas travailler plus de 6 jours par semaine ;
– le repos hebdomadaire doit avoir une durée minimale de 24 heures consécutives ;
– le repos doit être donné le dimanche mais des dérogations existent au repos dominical :
    - permanente et de plein droit en raison de l'activité,
    - sur autorisation du préfet notamment dans des zones touristiques,
    - temporaire en principe 5 fois par an sur autorisation du maire ou du préfet,
    - temporaire pour travail urgent.

3) Les jours fériés

Le 1er mai est le seul jour férié et légalement chômé et rémunéré.

Cependant, pour les autres jours fériés, les usages et conventions collectives en font souvent des jours chômés.

Lorsque le jour férié est travaillé, il ne donne pas lieu à une rémunération supplémentaire sauf convention ou accord.

4) Les congés payés

Pour avoir droit à un congé payé, le salarié doit avoir accompli au service du même employeur un minimum d'un mois de travail effectif pendant l'année de référence, c'est-à-dire entre le 1er juin N-1 et le 31 mai de l'année en cours.

Doivent être considérées comme travail effectif les périodes travaillées mais également certaines absences : maladie professionnelle, congés payés, accidents du travail, congés formation, congés pour événements familiaux.

Certaines absences ont donc une incidence sur le calcul de congés payés, c'est notamment le cas de la maladie ordinaire.

a) Le fractionnement des congés

Le salarié ne peut, en principe, prendre 5 semaines de congés payés en une seule fois (maximum 4 semaines consécutives).

Le congé ne dépassant pas 12 jours ouvrables doit être pris en une seule fois.

Une période minimum de 12 jours doit être prise entre le 1er mai et le 31 octobre.

Le congé principal de 12 jours au moins et de 24 jours au plus peut être fractionné par l'employeur avec l'accord du salarié ; dans ce cas une fraction d'au moins 12 jours ouvrable doit être accordée entre le 1er mai et le 31 octobre, les jours restant peuvent être accordés en une ou plusieurs fois, éventuellement en dehors de cette période et, dans ce cas, le salarié a droit à des jours de congés supplémentaires.

Deux jours de congés supplémentaires sont attribués lorsque le nombre de jours de congés pris en dehors de cette période est au moins égal à 6 jours consécutifs et un seul jour supplémentaire lorsqu'il est compris entre 3 et 5 (la 5e semaine n'ouvrant pas droit à des jours de congés supplémentaires).

b) Le départ en congés

La période des congés doit nécessairement comprendre la période du 1er mai au 31 octobre (sauf accord ou usage). Les congés peuvent désormais être pris dès l'ouverture des droits, c'est-à-dire à la fin du 1er mois de travail. Le salarié n'a plus à attendre la fin de la période de référence.

Les dates de départ sont fixées par l'employeur après consultation du CE ou à défaut le DP. Les dates de départ doivent tenir compte de la situation familiale, de l'ancienneté et de la situation des salariés ayant plusieurs employeurs. Une fois arrêtés, l'ordre et les dates de départ ne peuvent plus être modifiés au cours du mois qui précède la date de départ. Lorsque l'entreprise est fermée (maximum 4 semaines consécutives), les congés s'imposent au salarié. Les salariés qui n'ont pas acquis suffisamment de droit au congé sont pris en charge par le chômage technique.

c) Le report des congés

Lorsque le salarié tombe malade pendant ses congés, cela n'a aucune incidence. Par contre, si le salarié tombe malade juste avant ses congés, il a droit de les reporter.

d) L'indemnisation du congé

Deux méthodes de calcul au bénéfice du salarié :

- l'indemnité est de 10 % de la rémunération totale perçue au cours de la période de référence ;
- l'indemnité est égale au salaire que le salarié aurait perçu s'il avait été payé pendant ses congés.

Si le salarié quitte l'entreprise avant d'avoir apuré ses congés, il reçoit une indemnité compensatrice de congés payés sauf en cas de faute lourde.

Tableau de synthèse des congés payés

Jour ouvrable	Du lundi au samedi sauf jours fériés
Jour ouvré	Les jours d'ouverture de l'entreprise
Période de référence	Période de travail pour le calcul des jours de congés payés
Début et fin de la période de référence	Entre le 1er juin N et le 31 mai N+1

Durée minimale pendant la période de référence pour avoir droit à des congés payés	1 mois soit 24 jours ouvrables
Nombre de jours ouvrables de congés payés par mois de travail	2,5 jours par mois de travail (soit 30 jours par an)
Période « normale » des congés payés	Période où le salarié prend obligatoirement des congés payés
Début et fin de la période normale	Du 1er mai N au 31 octobre N
Durée minimale et maximale de congés pendant la période normale	Au moins 12 jours consécutifs et au plus 24 jours consécutifs

2 - La formation professionnelle continue

La formation professionnelle continue a pour objet de favoriser l'insertion ou la réinsertion professionnelle des travailleurs, de permettre leur maintien dans l'emploi et de favoriser le développement de leurs compétences. L'accord interprofessionnel promulgué le 4 mai 2004 a réformé en profondeur le système de la formation professionnelle autour de 3 axes :

— le plan de formation ;
— le congé formation ;
— le droit individuel à la formation.

A. Le plan de formation de l'entreprise

Le plan de formation est décidé par l'employeur après consultation CE. La formation a lieu dans l'entreprise ou en dehors, par des salariés ou des formateurs extérieurs. Certaines actions se déroulent pendant le temps de travail et donnent lieu au maintien de la rémunération, d'autres sont mises en œuvre en dehors du temps de travail avec l'accord du salarié, et donnent lieu au versement d'une allocation par l'employeur.

L'action de formation visant à assurer l'adaptation au poste de travail constitue un temps de travail effectif avec maintien de la rémunération.

Les actions de formation liées à l'évolution des emplois ou qui participent au maintien de l'emploi sont mises en œuvre pendant le temps de travail avec maintien de la rémunération.

Les actions de formation ayant pour objet le développement des compétences du salarié peuvent se dérouler hors du temps de travail effectif dans la limite de 80 h par an, avec une allocation de formation payée par l'employeur égale à 50 % de sa rémunération. Le salarié doit donner son accord.

B. Le congé de formation

1) Les conditions d'éligibilité

Pour un salarié en CDI, il faut 24 mois d'ancienneté dont 12 au moins dans l'entreprise. Pour les entreprises artisanales, l'ancienneté minimum est de 36 mois (12 dans l'entreprise).

Pour un salarié en CDD, il faut avoir travaillé 24 mois au moins sur les 5 dernières années dont 4 mois au moins au cours de la dernière année (dans la même entreprise ou non).

Le stage ne peut dépasser une durée de 1 an ou 1 200 heures.

Si le dernier stage était d'une durée T en heures, le départ pour un nouveau congé formation ne peut se faire avant une durée de T/12 (en mois).

Ex. : stage de 1 200 heures, le départ pour un nouveau stage ne peut se faire avant 100 mois.

2) La demande

Si le stage est d'une durée supérieure ou égale à 6 mois, la demande est présentée (LRAR) dans un délai de 120 jours ; si le stage est d'une durée inférieure à 6 mois, la demande est présentée dans un délai de 60 jours. Cette demande de congé formation ne peut être refusée. Cependant, si l'absence du salarié serait préjudiciable à la production ou à la marche de l'entreprise, ou encore si :
- dans un établissement de 200 salariés et plus : 2 % (et +) des salariés sont déjà en congé de formation ;
- dans un établissement de moins de 200 salariés : 2 % (et +) des heures effectuées sont utilisées au titre des congés de formation, le congé formation peut être reporté d'au maximum 9 mois. Après un CDD, le salarié peut solliciter un congé formation dans l'année auprès d'un OPACIF ou du FONGECIF (4 mois de CDD et un an de congé formation => comme si le salarié avait travaillé 16 mois).

La rémunération pendant le congé formation est de 70 à 80 % de la rémunération normale du salarié.

Si le salarié démissionne après un congé formation, l'éventuelle clause de dédit formation s'applique.

C. Le droit individuel à la formation (DIF)

Tout salarié en CDI ayant au moins 1 an d'ancienneté bénéficie chaque année d'un droit individuel à la formation de 20 heures (pour un temps partiel : DIF proratisé, pour un CDD : DIF si au moins 4 moins de travail), cumulable sur 6 ans.

L'initiative de la mise en œuvre du DIF appartient au salarié avec accord de l'employeur. Si une convention ou un accord le prévoit, le DIF peut s'exercer en partie sur le temps de travail (salaire maintenu).

À défaut de convention, le DIF se déroule en dehors du temps de travail et le salarié perçoit une allocation qui est fixée par l'organisme collecteur paritaire agréé (OPCA).

Le DIF est transférable en cas de démission ou licenciement sauf faute grave ou lourde.

D. La participation financière de l'employeur

Pour les entreprises de moins de 10 salariés, elle représente 0,55 % de la masse salariale. Pour les entreprises de 10 à 19 salariés, elle est de 1,05 % de la masse salariale. Enfin, pour les entreprises d'au moins 20 salariés : 1.60 % de la masse salariale.

E. Les contrats de formation

1) Le contrat d'apprentissage

C'est un contrat de travail, écrit, par lequel un entrepreneur s'engage à assurer à un jeune une formation professionnelle dispensée pour partie en entreprise et pour partie dans un centre de formation des apprentis (CFA).

La conclusion du contrat d'apprentissage est soumise à la consultation du CE et déclarée à la DIRECCTE.

L'entrepreneur doit inscrire le jeune dans un CFA qui doit lui dispenser au moins 400 heures par an en vue d'obtenir un diplôme.

Le maître de stage doit présenter des garanties de moralité, des compétences professionnelles et pédagogiques. En principe, l'entreprise ne peut accueillir que deux apprentis et un redoublant.

L'apprentissage peut démarrer dès 14 ans (au plus tard à 25 ans avec dérogation jusqu'à 26 ans).

Le temps de CFA est compris dans les horaires de travail.

Les apprentis bénéficient de 5 jours de congés payés pour leurs révisions (en plus des 5 semaines de congés payés). Leur rémunération dépend de l'âge, de l'ancienneté et du diplôme.

La durée du contrat de travail peut varier entre 1 et 3 ans. La rupture du contrat avant l'examen entraîne l'interdiction de passer l'examen.

La loi du 5 mars 2014 relative à la formation professionnelle, à l'emploi et à la démocratie sociale a créé un nouveau contrat d'apprentissage à durée indéterminée.

Désormais, l'article L. 6222-7 du Code du travail prévoit un contrat d'apprentissage conclu soit pour une durée limitée, soit pour une durée indéterminée.

Dans ce dernier cas, le contrat d'apprentissage à durée indéterminée comporte 2 phases :
- une phase où le contrat d'apprentissage est régi par le régime du contrat d'apprentissage prévu avant la loi du 5 mars 2014. Autrement dit, s'agissant de la rupture du contrat d'apprentissage, « le contrat d'apprentissage peut être rompu par l'une ou l'autre des parties durant les deux premiers mois de l'apprentissage ». Passé ce délai, la rupture du contrat ne peut intervenir que sur accord écrit signé des deux parties. À défaut, la rupture ne peut être prononcée que par le Conseil de prud'hommes, statuant en référés, en cas de faute grave ou de manquements répétés de l'une des parties à ses obligations ou en raison de l'inaptitude de l'apprenti à exercer le métier auquel il voulait se préparer » ;
- une phase où le contrat d'apprentissage devient un contrat à durée indéterminée et est régi en conséquence par les dispositions du Code du travail relatives au contrat de travail à durée indéterminée, exceptées celles relatives à la période d'essai. L'apprenti ne sera pas soumis à une période d'essai puisque sa période de formation correspondait déjà à une phase de test.

2) Le contrat de professionnalisation

C'est un contrat qui prévoit un temps de formation et de pratique ; il concerne les jeunes de 16 à 25 ans ainsi que les chômeurs de 26 ans et plus.

C'est un contrat écrit déposé à la DIRECCTE sous la forme d'un CDD de 6 à 12 mois voire 24 pour ceux qui sont sortis du système éducatif sans formation.

À la différence du contrat d'apprentissage, le contrat de professionnalisation permet d'acquérir une qualification professionnelle sanctionnée ou non par un diplôme.

Le stagiaire perçoit au moins 70 % du SMIC s'il a plus de 21 ans et l'employeur ne bénéficie que de quelques exonérations de charges sociales.

G. La réforme de la formation professionnelle

La loi du 5 mars 2014 relative à la formation professionnelle, l'emploi et la démocratie sociale prévoit, à compter du 1er janvier 2015, le remplacement du droit individuel à la formation (DIF) par le compte personnel de formation (CPF). Le CPF sera ouvert à toute personne d'au moins 16 ans :

- exerçant un emploi ;
- en recherche d'emploi ;
- accompagnée dans un projet d'orientation et d'insertion professionnelle ;
- accueillie dans un établissement et service d'aide par le travail (ESAT).

Le CPF sera pleinement transférable en cas de changement d'employeur et sera mobilisable pendant toute la carrière de son titulaire, y compris pendant les périodes de chômage.

Si le CPF est ouvert aux salariés comme aux personnes privées d'emploi, il ne pourra, en revanche, être alimenté que pendant les seules périodes d'activité salariée.

Son plafond légal sera fixé à 150 heures. Pour l'alimenter, un premier crédit de 120 heures de formation sera acquis à raison de 24 heures par année de travail à temps complet (soit au bout de 5 ans). Les salariés bénéficieront ensuite d'un crédit supplémentaire de 12 heures par année, jusqu'à atteindre 150 heures.

En pratique, le plafond légal de 150 heures (qui peut éventuellement être revu à la hausse par un accord collectif de travail) sera ainsi, en principe, atteint au bout de 7 ans et demi.

Le CPF des salariés à temps partiel sera, sauf dispositions conventionnelles plus favorables, alimenté proportionnellement au temps de travail effectué. Le même principe vaudra pour les salariés absents une partie de l'année.

Les heures de formation pourront être effectuées pendant ou en dehors du temps de travail.

Les formations susceptibles d'être financées par le CPF sont notamment des formations permettant d'acquérir le socle de connaissances et de compétences défini par décret, des formations qualifiantes ou des mesures d'accompagnement à la valorisation des acquis de l'expérience.

Le salarié pourra utiliser librement son crédit d'heures pour suivre de telles formations en dehors de son temps de travail. Il devra, en revanche, solliciter l'accord de son employeur si la formation se déroule, en totalité ou en partie, sur le temps de travail. Les modalités d'acceptation ou de refus d'une demande de formation par l'employeur seront précisées par décret, sachant qu'une absence de réponse au bout d'un certain délai (qui reste à définir) vaudra acceptation.

La prise en charge dépendra notamment de la taille de l'entreprise et du type de formation financée.

Les frais de formation seront pris en charge :
- soit directement par l'employeur (hypothèse des entreprises d'au moins 10 salariés ayant conclu un accord d'entreprise à cet effet) ;
- soit par l'organisme paritaire collecteur agréé (OPCA) pour les entreprises de moins de 10 salariés ou celles n'ayant pas conclu un accord d'entreprise spécifique ;
- soit encore par le fonds paritaire de sécurisation des parcours professionnels (FPSPP) en cas de mobilisation du CFP pour financer un congé individuel de formation.

La loi prévoit le transfert en 2015 du crédit d'heures DIF accumulé par le salarié dans des conditions qui restent à définir par décret. Ces heures transférées seront mobilisables jusqu'au 1er janvier 2021.

3 - La suspension du contrat de travail

A. La maladie ordinaire

La maladie ordinaire comme l'accident non professionnel est une cause de suspension du contrat de travail à condition d'être médicalement justifiée. Toutefois, le salarié conserve l'obligation de loyauté pendant la suspension (donner des informations, code informatique...).

Le salarié doit prévenir l'employeur dans les formes et délais prévus par convention ou usage (la loi est muette à ce sujet) et adresser un certificat médical. Le retard dans la justification de l'absence entraîne une cause sérieuse de licenciement. La falsification d'un certificat médical est une faute grave.

L'employeur peut contrôler médicalement le bien-fondé de l'arrêt de travail en faisant procéder à une contre-visite par un médecin de son choix. Si le salarié subit la contre-visite sans pour autant être d'accord avec le nouveau diagnostic, il peut demander une contre-expertise.

En refusant de se soumettre à la contre-visite diligentée par l'employeur ou en refusant la reprise anticipée (sans solliciter la contre-expertise), le salarié commet une faute qui justifie alors une sanction (mais pas de licenciement) et la perte du complément patronal.

REMARQUE : le médecin qui estime injustifié l'arrêt de travail informe la CPAM qui, en général dans les 5 jours, convoque le salarié pour décider s'il y a lieu ou non de maintenir les indemnités journalières de Sécurité sociale.

1) Le licenciement pour cause de maladie

L'employeur trouve une cause réelle et sérieuse de licenciement dans la nécessité de procéder au remplacement effectif du salarié malade : le problème est de savoir à partir de quel moment précis les conséquences de l'absence rendent nécessaire le remplacement effectif.

Cela dépend de plusieurs facteurs :
— la durée de l'absence : 2 à 3 mois consécutifs ou non ;
— les fonctions exercées par le salarié ;
— l'impossibilité de palier les conséquences de l'absence : ainsi lorsque l'employeur a pu réorganiser ses équipes ou recourir à un CDD ou CTT, il ne peut pas être considéré comme s'étant trouvé dans la nécessité

de remplacer le salarié malade. Le licenciement est abusif (jurisprudence de l'attente) ;
— embaucher un CDI.

2) Les prestations de l'assurance-maladie

Des prestations en nature et en espèce sont versées à l'assuré dont le contrat de travail est suspendu pour raison de santé (ses ayants droit, c'est-à-dire les membres de sa famille, non assurés sociaux à sa charge ont les mêmes droits).

a) Les prestations en nature

L'assuré et ses ayants droit bénéficient de certaines prises en charge à 100 % (suivant la nature des soins tels que : médicaments, appareillage, analyse ; suivant la nature de la maladie ou suivant la situation sociale de l'assuré : titulaire d'une pension d'invalidité, de vieillesse). D'autres frais laissent une charge à l'assuré (ticket modérateur). Pour certains frais, la Sécurité sociale paie directement le médecin, l'hôpital ou le pharmacien (en laissant éventuellement une part à l'assurer) : c'est ce qu'on appelle le tiers payant.

Les prestations en nature sont en principe versées aux assurés ayant cotisé un mois civil (ou 30 jours consécutifs) ou ayant travaillé 60 heures au cours d'un mois (ou 30 jours consécutifs) ou 120 heures sur 3 mois, ou encore 1 200 heures sur une année (sauf autres régimes particuliers). Pour les personnes ne relevant d'aucun régime particulier de cotisations : CMU ou AME (l'Aide médicale d'État) pour les personnes en situation irrégulière.

b) Les prestations en espèce

Si l'arrêt de travail est inférieur à 6 mois, il faut avoir travaillé au moins 200 heures au cours des trois mois civils ou des 90 jours précédant l'arrêt de travail, ou avoir cotisé sur un salaire au moins égal à 1 015 fois le montant du SMIC horaire au cours des six mois civils précédant l'arrêt de travail.

Si la durée de l'arrêt de travail est supérieure à 6 mois, il s'agit d'un arrêt de longue durée : il faut, à la date de l'arrêt de travail, justifier de douze mois d'immatriculation en tant qu'assuré social auprès de l'Assurance Maladie, et avoir travaillé au moins 800 heures au cours des douze mois civils ou des 365 jours précédant l'arrêt de travail, ou avoir cotisé sur un salaire au moins égal à 2 030 fois le montant du SMIC horaire au cours des douze mois civils précédant l'arrêt de travail.

La salarié reçoit les indemnités journalières de la sécurité sociale (IJSS) après 3 jours de carence (donc à partir du 4e jour) sauf disposition plus favorable prévue par la convention collective.

L'indemnité journalière versée au titre d'un arrêt de travail est égale à 50 % du salaire journalier de base, calculé à partir de la moyenne des salaires bruts (c'est-à-dire des rémunérations soumises à cotisations) des 3 derniers mois travaillés précédant l'arrêt de travail et réduit des prélèvements sociaux (CSG et CRDS).

3) L'obligation de reclassement

À l'issu de l'arrêt maladie, le médecin du travail peut déclarer le salarié inapte physiquement : l'employeur est alors débiteur d'une véritable obligation de reclassement, c'est-à-dire qu'il doit lui proposer des mesures de mutation ou de transformation de poste. En cas d'impossibilité, le licenciement (sans préavis) sera prononcé.

4) La pension

Attention à bien distinguer pension d'invalidité et réparation en cas d'accident du travail et de maladie professionnelle.

L'assuré qui a une réduction définitive de sa capacité de travail pour une cause étrangère à un accident du travail ou une maladie professionnelle est pris en charge au titre de l'assurance invalidité et recevra une pension versée par le CPAM en fonction d'un taux d'invalidité. En cas de contestation du taux, l'affaire peut être portée devant le contentieux technique du Tribunal des affaires de la Sécurité sociale (TASS).

B. L'accident du travail et la maladie professionnelle

1) L'accident du travail

Est qualifié d'accident du travail quelle que soit la cause, l'accident survenu par le fait ou à l'occasion du travail à toute personne salariée.

La Cour de cassation a précisé cette notion. Elle estime que constitue un accident du travail un événement ou une série d'événements survenus à des dates certaines par le fait ou à l'occasion du travail dont il résulte une lésion corporelle, quelle que soit la date d'apparition de celle-ci.

La jurisprudence retient une présomption d'imputabilité au travail dès lors que l'accident a lieu pendant le temps de travail. La jurisprudence ne subordonne plus la présomption d'imputabilité au travail à la concordance de temps entre l'apparition de la lésion et l'événement. Ainsi, en 2003, la Cour de cassation a retenu la qualification d'accident du travail à un salarié victime d'une sclérose en plaque apparue à la suite d'un vaccin contre l'hépatite B imposé par l'employeur plusieurs mois avant.

Est également qualifié d'accident du travail, l'accident qui survient pendant le transport, organisé et imposé par l'employeur et rémunéré comme temps de travail.

Si l'accident a lieu sur le lieu de travail (la notion de lieu est appréciée largement : WC, douches, cantine, machine à café...), le salarié est sous l'autorité de l'employeur. Lorsque le salarié est placé dans un état d'insubordination (lorsqu'il exerce son droit de grève ou lorsqu'il quitte son travail avant l'heure indiquée sur le coup de la colère, ou encore lorsqu'il vaque à des occupations personnelles) : tout accident ne sera pas considéré comme accident de travail.

Le salarié doit être dans l'exercice de son activité professionnelle. Le salarié en mission bénéficie de la protection en matière d'accident du travail dès lors que l'accident intervient pendant l'exécution de sa mission à moins que le salarié au moment de l'accident ait interrompu sa mission pour motif personnel. Ex. : un VRP en mission qui tombe dans la douche de l'hôtel, ce n'est pas un accident de travail.

Dans le cas d'un accident au cours d'une astreinte au domicile, il n'y a pas présomption d'imputabilité d'accident du travail.

Si l'accident a une cause entièrement étrangère à l'activité, ce n'est pas un accident du travail. Ex. : crise cardiaque ou rupture d'anévrisme.

2) L'accident de trajet

L'accident de trajet peut être qualifié d'accident du travail s'il a lieu sur un trajet protégé, c'est-à-dire :
- le trajet entre le lieu de travail et la résidence où le salarié se rend de façon habituelle pour des motifs d'ordre familial ;
- les détours liés uniquement aux nécessités de la vie courante lorsqu'ils sont réalisés de manière habituelle (crèche, boulangerie) ;
- les trajets entre le lieu de travail et le lieu habituel de repas (restaurant) ;
- l'accident de covoiturage, accident de trajet protégé.

3) La maladie professionnelle

C'est une maladie faisant partie d'une liste d'affections reconnues par la Sécurité sociale pour être provoquées par l'exercice de certaines activités professionnelles ou d'une maladie reconnue comme professionnelle à la suite d'une expertise confiée à un comité régional de reconnaissance des maladies professionnelles.

4) Les obligations

Concernant le salarié, en matière d'accident de travail ou de trajet, la victime doit informer l'employeur le jour même ou dans les 24 heures suivant l'accident, sauf cas de force majeure, et remplir l'imprimé (feuille d'accident du travail) pour la consultation du médecin et la prise en charge gratuite des actes médicaux. La victime doit faire établir un certificat médical précisant son état, les suites probables de l'accident et la durée de l'éventuel arrêt.

La victime d'une maladie professionnelle doit faire établir un certificat médical précisant la nature de la maladie, ses manifestations et les suites probables. La victime doit par ailleurs déclarer sa maladie professionnelle dans les 15 jours suivant le constat médical.

Concernant l'employeur, en matière d'accident du travail ou de trajet, il doit le déclarer à la CPAM dans les 48 heures par lettre recommandée et joindre également une attestation de travail. Il peut formuler toute observation relative au caractère professionnel de l'accident.

La CPAM peut contester le caractère professionnel de l'accident par notification adressée à la victime et à l'employeur dans les 20 jours de la déclaration ; une enquête est obligatoire dans 2 cas : incapacité permanente totale (IPT), décès.

En cas de décès, une autopsie peut être demandée ; si la famille refuse c'est à elle que revient l'obligation de la preuve.

La CPAM doit informer l'inspecteur du travail (DIRECCTE) et la caisse régionale.

5) La réparation en cas l'accident du travail ou de maladie professionnelle

a) Indemnisation pendant l'arrêt de travail

Le salarié perçoit une indemnité journalière égale à 60 % du salaire journalier de base pendant les 28 premiers jours et 80 % à partir du 29e jour. À ceci s'ajoutent des prestations en nature (médicament, médecin...).

b) Indemnisation en cas d'incapacité permanente ou en cas de décès

À l'issu de la suspension du contrat (correspondant à l'arrêt), si le salarié est déclaré apte, il est réintégré dans son emploi ou un emploi similaire avec la même rémunération. S'il est déclaré inapte, il bénéficiera d'un régime d'incapacité permanente qui peut être soit totale, soit partielle avec une réparation qui variera suivant qu'une faute ait été commise ou non.

- **En l'absence de faute du salarié**

En cas d'incapacité permanente, c'est-à-dire que l'état de la victime s'est consolidé, le salarié a droit à une indemnité soit en capital si le taux d'incapacité est inférieur à 10 %, soit une rente viagère dans les autres cas. La rente est égale au salaire annuel multiplié par le taux d'incapacité réduit de moitié pour la partie qui ne dépasse pas 50 % et augmenté de moitié pour la partie excédant 50 %.

En cas d'incapacité lourde (au moins 80 %) avec nécessité d'une assistance d'une tierce personne, la rente est majorée de 40 %. En cas de décès, la rente est servie aux ayants droit.

- **En cas de faute de l'employeur**

On distingue la faute intentionnelle de la faute inexcusable.

La faute inexcusable de l'employeur est un manquement à son obligation de sécurité, qui est une obligation de résultat, révélé par le dommage subi dès lors qu'ayant eu ou ayant dû avoir conscience du danger, il a continué à exposer le salarié à ce danger sans prendre les précautions et les mesures nécessaires (Cour de cassation, 28 février 2002).

La faute inexcusable sera par exemple retenue lorsque l'employeur met à disposition des salariés un matériel défectueux ou maintien des conditions de travail défectueuses ou encore fait exécuter à un salarié une tâche dangereuse alors qu'il n'a pas la qualification. La conscience du danger est une des conditions de la qualification d'une faute inexcusable.

En cas de faute inexcusable de l'employeur, le salarié a droit à une majoration de la rente ou du capital et peut demander à l'employeur devant le tribunal des affaires sanitaires et sociales réparation des préjudices. Si le taux d'incapacité est de 100 %, le salarié a droit à une indemnité forfaitaire égale au SMIC. La CPAM peut imposer à l'employeur une cotisation complémentaire.

La faute intentionnelle est un acte ou une omission intentionnelle impliquant l'intention de nuire, de causer des lésions corporelles. En cas de faute intentionnelle, le salarié a le droit d'intenter une action en justice de droit commun pour tous les préjudices non réparés par la Sécurité sociale. La CPAM a le droit de demander à l'employeur le remboursement de toutes les sommes versées à l'employé.

- **En cas de faute du salarié**

La faute inexcusable du salarié est une faute volontaire du salarié d'une exceptionnelle gravité exposant sans raison valable son auteur à un danger dont il aurait dû avoir conscience (Cour de cassation, 27 janvier 2004).

Le salarié a droit à réparation par la Sécurité sociale mais la CPAM est autorisée à minorer sa rente.

Dans le cas d'une faute intentionnelle, le salarié perd son droit à réparation au titre de l'accident du travail et est pris en charge au titre de la maladie.

- **En cas de faute d'un tiers**

La victime peut agir contre le tiers pour les préjudices non réparés. L'employeur et la CPAM peuvent demander au tiers le remboursement de toutes les sommes engagées pour le salarié.

6) La protection en matière de licenciement

Il est interdit de licencier un salarié pendant la durée de l'arrêt de travail y compris pendant la période d'essai et pendant toute période de réadaptation, sauf en cas de faute grave du salarié (qui a par exemple provoqué l'accident dont il a été victime par sa faute intentionnelle ou inexcusable) ou impossibilité de maintenir le contrat pour un motif non lié à l'accident (ex. : motif économique). Si le licenciement se produisait néanmoins, le salarié est réintégré ou des dommages et intérêts lui seront versés en fonction des préjudices subis.

S'il est déclaré inapte (partiellement), l'employeur doit le reclasser. Si c'est impossible ou si le salarié refuse le reclassement, le licenciement avec indemnités doublées sera prononcé.

C. Le congé de maternité et de paternité

Le congé de maternité est un droit et non une obligation : la salariée peut donc écourter son congé, mais elle a l'obligation de s'arrêter au moins 8 semaines (6 semaines avant et 2 semaines après).

Depuis 2002, il existe un congé paternité de 11 jours (ou 18 jours en cas de naissance multiple) en supplément du congé pour naissance, à prendre dans les 4 mois qui suivent la naissance avec l'obligation de prévenir l'employeur au moins 1 mois avant par LRAR.

1) La protection en matière de conditions de travail et de poste

La femme enceinte (ou qui a accouché) qui travaille de nuit peut demander un travail de jour ; s'il y a impossibilité de la faire travailler de jour, son contrat est suspendu et elle est prise en charge au titre de l'assurance-maladie. Cette règle s'applique dès que son état de grossesse est déclaré et jusqu'à la fin de son congé légal post-natal.

Lorsque les conditions de travail ne sont pas compatibles avec l'état de grossesse ou de femme accouchée, la salariée après avis de la médecine du travail peut demander un changement de poste ou un aménagement des conditions de travail. S'il y a impossibilité, elle est prise en charge au titre de l'assurance-maladie. Il est interdit de muter une femme enceinte sauf avec son accord et pour lui trouver un poste plus adapté.

2) La protection lors de l'embauche et période d'essai

Interdiction de poser des questions sur l'état ou les projets de grossesse. Le mensonge sur l'état de grossesse ne constitue pas un dol. De plus, pendant la période d'essai, dès que la femme enceinte révèle sa grossesse, elle est réputée embauchée définitivement (il existe un aménagement du temps de travail pour la femme allaitante).

3) La démission

La femme accouchée peut démissionner sans préavis.

4) La protection en matière de licenciement

Il est interdit de licencier la salariée pendant sa grossesse, son congé maternité et pendant les 4 semaines qui suivent le congé maternité. En cas de licenciement, si la salariée envoie dans les 15 jours un certificat médical révélant son état, le licenciement est annulé.

Pendant le congé de maternité, l'interdiction de licencier est absolue. Mais par exception, pendant la grossesse, avant le congé maternité ou pendant les 4 semaines qui suivent la reprise, la salariée peut être licenciée pour faute grave ou un motif étranger à son état. De plus, si la faute grave est réalisée pendant la grossesse, il est interdit de notifier le licenciement pendant le congé de maternité.

Si le licenciement intervient illégitimement, la salariée pourra être réintégrée ou bénéficier de dommages et intérêts (planché de 6 mois de salaire quelle que soit l'ancienneté) au choix de la salariée.

5) Le congé parental

En cas de naissance ou d'adoption d'un enfant, il faut avoir plus d'un an d'ancienneté dans l'entreprise. Le congé est de 1 an renouvelable 2 fois (jusqu'au 3e anniversaire de l'enfant). Il s'agit d'une suspension de contrat ; à l'issue du congé, le salarié retrouve son emploi ou un emploi équivalent, sauf cas de démission. Ce congé concerne le père ou la mère.

6) L'indemnisation

Les examens obligatoires sont pris en charge à 100 % par la CPAM ainsi que tous les frais médicaux des 4 derniers mois de la grossesse et des prestations en espèces versées pendant le congé de maternité égales au salaire journalier de base dans les limites fixées.

D. Les autres cas de suspension du contrat de travail

D'autres situations suspendent le contrat de travail :
- les congés pour événements familiaux : mariage du salarié (4 jours), mariage d'un enfant (1 jour), décès du conjoint (2 jours), décès d'un enfant (2 jours), décès du père ou de la mère, d'un frère ou d'une sœur (1 jour) ;
- l'appel à la journée de la défense ;
- les jurés d'assise.

E. La mise à pied

À la différence de la mise à pied disciplinaire, qui est une véritable sanction, la mise à pied conservatoire est une mesure prise par l'employeur dans l'attente d'une sanction. Ex. : en cas de licenciement pour faute grave, la mise à pied conservatoire permet de suspendre le contrat de travail dans l'attente de la procédure et du prononcé de la sanction.

4 - La modification de la situation juridique de l'employeur et la modification du contrat de travail

A – La modification de la situation juridique de l'employeur

D'après l'article L. 1224-1 du Code du travail, s'il survient une modification dans la situation juridique de l'employeur — notamment par succession, vente, fusion, transformation de fonds de commerce mise en société —, tous les contrats de travail en cours au jour de la modification subsistent entre le nouvel employeur et le personnel de l'entreprise.

La jurisprudence a précisé que cette règle s'applique également lorsqu'il s'agit du transfert d'une entité économique (lieu de production ou de distribution, créateur de richesses) qui conserve son identité (même activité, mêmes conditions de travail) et lorsque l'activité est poursuivie ou reprise (en cas de cessation temporaire d'activité, les contrats de travail sont néanmoins poursuivis).

REMARQUE : en cas de changement de prestataire de service (ex. : société A perd le marché de gardiennage de banques au profit de la société B), les contrats sont maintenus (c'est-à-dire les salariés de A passent chez B) avec le nouveau prestataire à condition que la perte du marché soit si importante qu'on puisse l'assimiler à un transfert de branche d'activité.

Le maintien des contrats s'opère automatiquement aux mêmes conditions avec le nouvel employeur (rémunération, ancienneté, qualifications, clauses). Si le nouvel employeur est adhérent d'une autre convention collective, les salariés transférés peuvent choisir d'appliquer l'ancienne jusqu'à l'aboutissement de nouvelles négociations avec l'employeur. Le nouvel employeur peut néanmoins procéder à des licenciements pour motif de réorganisation.

B – La modification du contrat de travail

La relation de travail est appelée à évoluer dans le temps, l'employeur dispose d'un pouvoir unilatéral de direction qui lui permet de prendre des décisions unilatérales. Toutefois, il reste soumis au droit des contrats et notamment l'article 1134 du Code civil qui dispose que le contrat fait la loi des parties et qu'il ne peut être modifié qu'avec leurs accords.

Il s'agit alors dans un premier temps de déterminer tantôt que l'employeur ne pourra modifier le contrat qu'avec l'accord du salarié, on parlera alors de modification du contrat de travail, tantôt que l'employeur pourra décider seul de modifier un élément de la relation de travail, on parlera alors de changement des conditions de travail.

Pour se déterminer, les juges apprécient 4 éléments :
- le juge vérifie le contenu du contrat de travail. Par exemple, lorsqu'une clause de mobilité géographique a été prévue, l'employeur peut décider seul, sans l'accord du salarié, la mutation. *A contrario,* lorsque les horaires sont inscrits sur le contrat, toute modification nécessitera l'accord du salarié ;
- certains éléments du contrat sont naturellement essentiels, c'est-à-dire toute modification les concernant nécessitera l'accord du salarié. Il s'agit du salaire, du mode de rémunération, des fonctions et de la durée du travail ;
- lorsque l'élément modifié a eu une influence déterminante lors de l'embauche, la modification nécessite l'accord du salarié ;
- si l'élément modifié aggrave les conditions de travail, cela nécessite l'accord du salarié.

Dans un second temps, il faut rechercher la cause de la modification qui peut être de 3 ordres : économique, non économique et disciplinaire.

1) La modification économique

Lorsque la modification a une cause économique, on parle de modification substantielle. L'employeur doit respecter une procédure particulière. L'entreprise doit informer le salarié par LRAR de la décision de modification prise, du fait qu'il dispose d'un délai de 30 jours pour répondre et qu'en cas de défaut de réponse dans ce délai, il sera réputé avoir accepté la modification. Si le salarié accepte, un avenant au contrat sera fait. En cas de refus de la modification, le salarié est susceptible d'être licencié pour motif économique.

Pour valider le licenciement, il s'agira alors de comparer le motif de la modification et les motifs légaux validant le licenciement économique, posés par l'article L. 1233-3 du Code du travail à savoir : difficulté économique, mutation technologique, réorganisation pour sauvegarder la compétitivité. Si le motif de la modification ne se retrouve pas dans l'un de ces 3 motifs : le licenciement est qualifié d'abusif.

REMARQUE : lorsque l'employeur ne respecte pas la procédure et impose la modification substantielle (pensant qu'il s'agissait d'un simple changement des conditions de travail), le salarié peut prendre l'initiative de la rupture et demander au juge de requalifier la rupture en licenciement (abusif) sans que le salarié ne soit obligé de répondre favorablement aux demandes de l'employeur de revenir aux conditions initiales.

2) La modification non économique

Lorsque l'employeur envisage une modification non économique (ex. : proposition de changement de poste pour un salarié insuffisant professionnellement, proposition de reclassement pour un salarié accidenté inapte partiellement), il doit informer le salarié par LRAR et lui laisser un délai de réponse suffisant (minimum 15 jours). Le salarié doit répondre expressément (ce qui est différent pour le motif substantiel ou l'acceptation pouvait être tacite), en cas d'acception, un avenant au contrat sera fait.

En cas de refus, l'employeur peut envisager son licenciement. Il s'agira alors de comparer les motifs de la modification et les motifs légaux validant le licenciement personnel posé par l'article L. 1232-1 à savoir : faute, insuffisance professionnelle, impossibilité de reclassement et impossibilité de pallier les conséquences de l'absence d'un salarié en maladie ordinaire.

3) La modification disciplinaire

Lorsqu'une sanction disciplinaire (mutation, rétrogradation) modifie le contrat de travail, l'employeur doit informer le salarié et solliciter son acceptation. En cas de refus, il s'agira d'apprécier la nouvelle sanction, qui le plus souvent est une mesure de licenciement, et de vérifier si elle est proportionnée à la faute.

En principe, les fautes sanctionnées de mutations/rétrogradation sont graves et généralement le licenciement prononcé suite au refus est justifié.

Si les éléments de détermination conduisent à un simple changement des conditions de travail, celui-ci s'impose au salarié qui commet une faute en cas de refus. Toutefois, lorsque le refus du changement des conditions de travail est justifié par des circonstances particulières au salarié, cela constitue certes une cause de licenciement pour faute sérieuse, mais avec des indemnités de licenciement.

Exercices d'entraînement

Exercice 1

M. DEDIEU, monteur câbleur en équipements électroniques dans la société GEMPLUS depuis 5 ans, souffre de violentes douleurs constantes au niveau des lombaires ainsi que dans une jambe. Son médecin lui prescrit différentes radios et scanner ainsi qu'un arrêt de travail de 8 jours, qu'il transmet immédiatement à son employeur.
Il profite cependant de son arrêt maladie pour passer l'examen théorique d'arbitre UNSS de basket-ball. Son chef de service, surpris d'apprendre ce fait, interroge le directeur des ressources humaines sur l'opportunité d'un licenciement pour faute. Celui-ci vous demande votre avis.

1. Quelles sont les obligations de M. DEDIEU vis-à-vis de son employeur concernant son arrêt de travail ? A-t-il respecté ses obligations ?

2. À quelles prestations sociales peut-il prétendre ?

3. M. DEDIEU peut-il faire reconnaître sa sciatique comme maladie professionnelle ?

Exercice 2

M. GÉRARD, salarié gréviste, alors qu'il se rendait de son domicile à l'entreprise pour rejoindre le piquet de grève, qui perdure depuis maintenant 3 jours, a eu un accident de voiture.

M. GÉRARD bénéficie-t-il de la protection prévue par la Sécurité sociale ?

Test de connaissances

1. Question de cours

Quelles sont les modalités de calcul et de rémunération des heures supplémentaires et quels sont les droits au repos compensateur en fonction de l'effectif de l'entreprise ?

2. Vrai / Faux

1. La durée maximale du travail est de 35 heures par semaine ou de 1 607 heures par an.

   ☐ Vrai ☐ Faux

2. En cas de faute inexcusable, l'employeur encourt une responsabilité aggravée.

   ☐ Vrai ☐ Faux

3. La durée de la période d'essai est librement fixée par les parties au contrat de travail.

   ☐ Vrai ☐ Faux

4. Pendant la suspension de son contrat de travail, le salarié est dispensé de certaines de ses obligations.

   ☐ Vrai ☐ Faux

5. L'article L. 1224-1 du Code du travail est une exception au principe de l'effet relatif des contrats.

   ☐ Vrai ☐ Faux

6. M. STALLI a été embauché le 2 janvier N. Il peut prétendre à cinq semaines de congés en N.

   ☐ Vrai ☐ Faux

7. En cas d'accident du travail, l'employeur est responsable civilement.

   ☐ Vrai ☐ Faux

8. Le DIF concerne des salariés en CDI ayant au moins un an d'ancienneté dans l'entreprise.

   ☐ Vrai ☐ Faux

9. Le DIF est le droit pour le salarié à 20 heures de formation par an.
   - ☐ Vrai ☐ Faux

10. Le DIF est un droit transférable.
   - ☐ Vrai ☐ Faux

Cas de synthèse

Arrêt de la Cour de cassation, chambre sociale du 18 avril 2008

Attendu, selon l'arrêt attaqué, que Mme X..., engagée par la société Nouvelle automobile Maxauto le 30 juin 1997 en qualité de caissière a été licenciée immédiatement sans indemnité par lettre du 27 octobre 2000 lui reprochant en substance d'avoir quitté son poste le 13 octobre 2000 pour passer une visite médicale de reprise, en laissant sa caisse en grand désordre ce qui a entraîné un surcroît de travail pour le chef de centre et l'une de ses collègues et d'être à nouveau partie le 14 octobre 2000 sans avoir arrêté sa caisse et justifié son solde, ces faits s'ajoutant à d'autres faits antérieurs ayant entraîné des mesures disciplinaires ; qu'elle se trouvait en état de grossesse médicalement constatée, la date présumée de l'accouchement étant fixée au 12 février 2001, l'employeur en ayant été avisé le 31 juillet 2000 ;

Que la cour d'appel a décidé, d'une part, que la lettre de rupture indique expressément à la salariée que son comportement rend impossible la poursuite de son activité même pendant un préavis et que le licenciement est immédiat sans préavis ni indemnité de rupture ce qui constitue bien un des motifs exigés par l'article L. 122-25-2 *(devenu L. 1225-4)* du Code du travail et que le licenciement ayant été notifié hors la période de suspension prévue à l'article L. 122-26 *(devenu L. 1225-17),* il n'y a pas lieu d'en prononcer la nullité et, d'autre part, que les faits reprochés étaient bien constitutifs d'une faute grave ;

Sur le premier moyen pris en ses deux premières branches :

Attendu que Mme X... reproche à l'arrêt d'avoir ainsi statué de première part alors, selon le moyen, que :

1°/ aucun employeur ne peut résilier le contrat de travail d'une salariée lorsqu'elle est en état de grossesse médicalement constatée à moins de justifier d'une faute grave de l'intéressée non liée à l'état de grossesse ; qu'en l'espèce, la cour d'appel a relevé que la société Nouvelle automobile Maxauto possédait avant le licenciement de Mme X... un certificat médical attestant de l'état de grossesse de la salariée ; que pour débouter l'exposante de sa demande en nullité, elle a néanmoins considéré que le licenciement pour faute grave avait été notifié hors la période de suspension prévue par l'article L. 122-26 du Code du travail ;

qu'en statuant ainsi alors qu'il résultait de ses propres constatations que l'employeur avait été préalablement informé de l'état de grossesse de la salariée, de sorte que le licenciement était intervenu alors que celle-ci bénéficiait de la protection légale, la cour d'appel a violé l'article L. 122-25-2 du Code du travail ;

(...)

3°/ aucun employeur ne peut résilier le contrat de travail d'une salariée lorsqu'elle est en état de grossesse médicalement constatée à moins de justifier d'une faute grave de l'intéressée non liée à l'état de grossesse ; que la cour d'appel a jugé le licenciement de Mme X... justifié par une faute sans rechercher si les faits reprochés à la salariée n'étaient pas liés à son état de grossesse ; qu'en statuant ainsi, elle a privé sa décision de base légale au regard de l'article L. 122-25-2 du Code du travail ;

Mais attendu, d'abord, que la cour d'appel qui a constaté que le certificat médical adressé à l'employeur fait état d'une date présumée d'accouchement au 12 février 2001 et que le licenciement a été prononcé pour faute grave par courrier du 27 octobre 2000 a exactement décidé que le licenciement a été notifié hors les périodes de suspension prévues par l'article L. 122-26 du Code du travail et visées par l'article L. 122-25-2 du Code du travail ;

(...)

D'où il suit que le moyen n'est pas fondé ;

Mais sur le premier moyen pris en sa troisième branche et sur le second moyen :

Vu l'article L. 122-25-2 du Code du travail interprété à la lumière de la directive 92-85 CEE du 19 octobre 1992 ;

Attendu que par application de ce texte, l'employeur ne peut résilier le contrat de travail d'une salariée en état de grossesse médicalement constatée que dans des cas exceptionnels, s'il justifie d'une faute grave de l'intéressée non liée à son état de grossesse ou de l'impossibilité où il se trouve, pour un motif étranger à la grossesse, l'accouchement ou l'adoption, de maintenir le contrat ;

Attendu que pour débouter la salariée de ses demandes, la cour d'appel a énoncé que les manquements persistants de la salariée malgré les avertissements et observations répétés qui lui avaient été notifiés antérieurement et notamment la mise à pied sont bien constitutifs de la faute grave invoquée à son encontre ;

Qu'en statuant ainsi alors qu'elle avait seulement constaté relativement aux événements ayant immédiatement précédé le licenciement que la salariée, en état de grossesse, avait quitté son poste d'une part le 13 octobre à 11 heures pour aller passer une visite médicale de reprise et, d'autre part, le 14 octobre à 12 heures 20, sans caractériser un manquement dépourvu de lien avec son état de grossesse rendant impossible son maintien dans l'entreprise, la cour d'appel a violé le texte susvisé ;

PAR CES MOTIFS :

CASSE ET ANNULE, mais seulement en ses dispositions relatives au licenciement, l'arrêt rendu le 16 janvier 2006, entre les parties, par la cour d'appel de Fort-de-France ; remet, en conséquence, sur ce point, la cause et les parties dans l'état où elles se trouvaient avant ledit arrêt et, pour être fait droit, les renvoie devant la cour d'appel de Fort-de-France, autrement composée ;

Travail à faire

1. Quel est le problème juridique posé par cette affaire ? Quelle précision la Cour de cassation apporte-t-elle ?

2. À l'aide de l'arrêt et de vos connaissances, vous exposerez les règles relatives à la protection de la femme enceinte.

5

Le pouvoir du chef d'entreprise

Synthèse des connaissances

1 - Le pouvoir disciplinaire

A. La réglementation

Constitue une sanction disciplinaire toutes mesures, autres que les observations verbales, prises par l'employeur à la suite d'un agissement du salarié considéré par l'employeur comme fautif, que cette mesure soit de nature à affecter immédiatement ou non la présence du salarié dans l'entreprise, sa fonction, sa carrière ou sa rémunération.

Le salarié doit commettre une faute : la faute doit avoir été commise par le salarié dans le cadre de sa prestation de travail et non de sa vie privée.

Toutefois, lorsque les agissements de la vie privée sont susceptibles d'avoir des répercussions sur le fonctionnement de l'entreprise par la délinquance qu'ils traduisent, le salarié peut être sanctionné.

La liste des fautes est extrêmement variée, il appartiendra alors à l'employeur d'en qualifier la gravité pour prendre la mesure appropriée.

> **REMARQUE** : usage d'Internet au travail : inviolabilité de la messagerie privée du salarié, à la condition que les messages soient explicitement identifiés comme personnel (secret des correspondances). Cependant l'employeur peut faire un contrôle *a posteriori* de la messagerie à la condition de prévenir le CE ou le DP. La CNIL tolère un usage raisonnable de la messagerie pendant le temps de travail. De plus, elle déconseille une interdiction générale et absolue d'Internet à titre personnel pendant le temps de travail.

Toute sanction doit respecter une procédure :
- l'employeur doit, dans les 2 mois de la faute ou de sa révélation, envoyer une LRAR au salarié, ou peut remettre la lettre en main propre contre signature d'une décharge, pour le convoquer à l'entretien. Au-delà de ce délai, il y a prescription ;
- la lettre doit indiquer la date, le lieu, l'heure de la convocation et le motif. La lettre doit indiquer au salarié qu'il peut se faire assister par une personne de l'entreprise ;

– l'employeur doit respecter un délai minimum entre la convocation et l'entretien de 2 jours, si présence du CE ou DP dans l'entreprise ou 5 jours sinon (pas de délai maximum) ;
– l'entretien se déroule contradictoirement, l'employeur ne pouvant se faire assister par une personne extérieure (alors que l'employé peut être accompagné d'un autre salarié) ;
– l'employeur doit notifier la sanction par LRAR au minimum 1 jour après l'entretien et au maximum 1 mois après (si le délai d'un mois n'est pas respecté : prescription).

REMARQUE : la sanction peut être aggravée si le salarié a déjà été sanctionné par le passé (au maximum 3 ans avant ; au-delà, on ne considère pas qu'il y ait récidive).

Il existe une procédure simplifiée lorsque la sanction est un avertissement ou un blâme : simple lettre avec les griefs reprochés et la sanction.

Lorsque la sanction modifie le contrat de travail, elle ne peut être imposée au salarié qui peut alors la refuser. L'employeur peut prendre une autre sanction dans les 2 mois du refus qui doit être proportionnée à la faute.

B. Le contrôle

Le salarié peut saisir le Conseil de prud'hommes qui peut apprécier : le caractère fautif du comportement, le respect de la procédure, la proportionnalité du comportement à la faute.

1) Le caractère fautif du comportement

Si le juge conclut à l'absence de comportement fautif, la sanction est alors annulée sans possibilité d'en prendre une nouvelle.

2) Le respect de la procédure

Un vice de procédure peut avoir des conséquences différentes :
– certaines irrégularités entraînent l'annulation de la sanction sans possibilité d'en prendre une nouvelle : il s'agit du premier délai de 2 mois pour déclencher la procédure ainsi que du délai maximum d'un mois pour notifier la sanction ;
– certaines irrégularités obligent à refaire la procédure. Ex. : non-respect du délai pour trouver un salarié qui va assister le salarié sanctionné,

pas de date ou de motif sur la lettre (de convocation), non-respect du délai d'un jour pour notifier, absence sur la lettre de la mention précisant qu'il peut se faire assister ;
— certaines irrégularités n'ont aucune incidence : lieu non indiqué.

3) La proportionnalité du comportement à la faute

Le salarié peut contester la proportionnalité de la sanction à la faute ; si le juge retient la disproportionnalité, il annule la sanction. L'employeur pourra alors, dans un délai de 2 mois à compter de la notification de la décision de justice, prendre une nouvelle sanction plus douce.

2 - Le règlement intérieur

Le règlement intérieur est un document écrit par lequel l'employeur fixe les règles à observer sur le lieu du travail en matière d'hygiène et de sécurité, de discipline et de droit à la défense.

A. Le champ d'application

Le règlement intérieur est obligatoire dans les entreprises d'au moins 20 salariés. Lorsqu'une entreprise démarre et qu'elle atteint ce seuil de 20 salariés pendant 3 mois suivant l'ouverture, elle doit rédiger un règlement intérieur. Pour les autres entreprises, le seuil est de 6 mois.

B. Le contenu

Le contenu est strictement délimité par la loi. 3 thèmes doivent être précisés dans le règlement intérieur : l'hygiène et la sécurité, la discipline et les droits de la défense du salarié.

1) L'hygiène est la sécurité

Ex. : le règlement intérieur peut interdire toutes boissons alcoolisées : cette clause constitue une atteinte aux libertés qui ne se justifie que si elle est légitimée par la nature de la tâche à accomplir et proportionnée au but recherché.

Une clause du règlement intérieur peut prévoir la pratique d'un alcootest. La Cour de cassation en 2002 en a conditionné la validité au respect de certaines conditions :
— le salarié doit pouvoir contester le contrôle par une contre-expertise ;
— l'état d'ébriété doit être susceptible d'exposer à un danger des personnes ou des biens en raison de la nature du travail confié.

Les locaux doivent être tenus dans un état constant de propreté et présenter les conditions d'hygiène et de salubrité nécessaires à la santé du personnel.

Les locaux doivent être aménagés de manière à garantir la sécurité des travailleurs.

L'employeur est tenu envers le salarié d'une obligation de résultat. De même, le manquement à cette obligation de sécurité a un caractère de faute inexcusable lorsque l'employeur avait ou aurait dû avoir conscience du danger auquel était exposé le salarié et qu'il n'a pas pris les mesures nécessaires pour l'en préserver : un arrêt de la chambre sociale de la Cour de cassation du 28 février 2002, condamnant une entreprise à propos des risques liés à l'amiante, a jugé « attendu qu'en vertu du contrat de travail le liant à son salarié, l'employeur est tenu envers celui-ci d'une obligation de résultat. Le manquement à cette obligation a le caractère de faute inexcusable au sens de l'article L. 452-1 du Code de la sécurité sociale, lorsque l'employeur avait ou aurait dû avoir conscience du danger auquel était exposé le salarié, et qu'il n'a pas pris les mesures nécessaires pour l'en préserver ».

L'employeur a une obligation de formation à la sécurité après avis du CE ou du CHSCT (Comité d'hygiène et sécurité et des conditions de travail).

Le salarié a également des droits et des devoirs en matière de sécurité.

Le salarié a une obligation de vigilance, c'est-à-dire qu'il doit prendre soin de sa santé et de sa sécurité, ainsi que de celle de ses collègues concernés par ses actes ou omissions au travail.

a) Le devoir de signalement

Le salarié doit signaler immédiatement à l'employeur ou à son représentant toute situation de travail dont il a un motif raisonnable de penser qu'elle présente un danger grave et/ou imminent pour sa santé, ainsi que toutes défectuosités qu'il constate dans les systèmes de protection. Si le salarié est victime d'un accident du travail alors qu'il avait signalé le risque qui s'est matérialisé, l'employeur commettra une faute inexcusable. Tout salarié a intérêt à signaler le fait au CHSCT de manière à ce que ce dernier puisse exercer son droit d'alerte.

b) Le droit de retrait

L'article L. 4131-1 du Code du travail impose un droit pour le salarié. En effet, le salarié a le droit de quitter son poste de travail lorsqu'il a un motif raisonnable de penser qu'une situation présente un danger grave ou imminent pour sa santé ; l'employeur ne peut lui imposer de reprendre le travail et ne peut le sanctionner (pas de retenue sur salaire), sauf abus du salarié. Le licenciement du salarié qui a régulièrement exercé son droit de retrait est nul.

c) Le droit d'alerte

L'article L. 4131-1 du Code du travail impose une obligation pour le salarié. Le salarié doit alerter immédiatement l'employeur de toute situation de travail dont il a des raisons de penser qu'elle représente un danger grave et imminent pour sa vie ou sa santé, ainsi que toute défectuosité qu'il constate dans les systèmes de protection.

Lorsqu'un des membres du CHSCT constate qu'il existe un danger grave et imminent, il en informe l'employeur et consigne cette information par écrit sur un registre spécial ; l'employeur doit procéder sur le champ à une enquête et prendre les dispositions nécessaires pour y remédier. En cas de divergence sur l'urgence et la gravité, l'employeur doit réunir le CHSCT et informer l'inspecteur du travail qui peut assister à la réunion.

d) Le CHSCT

Le CHSCT est un organe collégial, obligatoire dans les entreprises de 50 salariés et plus, composé du chef d'entreprise, de salariés élus (de 3 à 9), du médecin du travail (voix consultative) et enfin du responsable du service de sécurité et des conditions de travail (voix consultative).

Le CHSCT a plusieurs missions :
- contribuer à la protection de la santé et sécurité des salariés ainsi qu'à l'amélioration de leurs conditions de travail ;
- veiller au respect des lois et règles en matière de sécurité et d'hygiène ;
- analyser les risques et proposer à l'entrepreneur des actions de prévention en fonction de chaque personne.

Le CHSCT est investi d'un droit d'alerte : lorsqu'un des membres du CHSCT constate qu'il existe un danger grave et imminent, il en informe l'employeur et consigne cette information par écrit sur un registre spécial ; l'employeur doit procéder sur le champ à une enquête et prendre les dispositions nécessaires pour y remédier. En cas de divergence sur l'urgence et la gravité, l'employeur doit réunir le CHSCT et informer l'inspecteur du travail qui peut assister à la réunion.

Le CHSCT se réunit au moins une fois par trimestre, ou à la suite d'un accident grave ou encore à la demande d'au moins 2 membres de la délégation du personnel. Ces derniers ont un crédit d'heures (entre 2 et 20 heures par mois). Le temps d'enquête est du temps de travail effectif et ne s'impute pas sur le crédit d'heures. Ils sont tenus à une obligation de discrétion, confidentialité et sont protégés en matière de licenciement (autorisation de l'inspection du travail).

2) La discipline

Le règlement intérieur prévoit la nature et l'échelle des sanctions applicables dans l'entreprise : avertissement, mise à pied, rétrogradation, mutation, licenciement.

3) Les droits de la défense du salarié

Le règlement intérieur doit notamment rappeler les lois sur le harcèlement moral et sexuel.

Certaines clauses du règlement intérieur sont interdites :
— des clauses portant sur des matières non prévues (c'est-à-dire autres que l'hygiène, la sécurité, la discipline ou le droit de la défense) ;
— des clauses contraires aux lois, règlements, conventions ou accord collectifs. Seraient interdites une clause autorisant le tabac dans l'entreprise (contraire à la loi), des clauses restreignant les libertés individuelles ou collectives sauf lorsqu'elles sont justifiées par la nature de la tâche à accomplir et proportionnées au but recherché ;
— des clauses discriminatoires, c'est-à-dire lésant certains salariés en raison de : leur origine, sexe, maladie, appartenance syndicale...

REMARQUE : l'article L. 1152-1 du Code du travail prévoit qu'aucun salarié ne doit subir les agissements répétés de harcèlement moral qui ont pour objet ou pour effet une dégradation de ses conditions de travail susceptible de porter atteinte à ses droits et à sa dignité, d'altérer sa santé physique ou mentale ou de compromettre son avenir professionnel.

C. La procédure d'établissement et de contrôle

L'employeur doit soumettre le règlement intérieur pour avis au CE ou DP et au CHSCT ; il doit être affiché sur les lieux du travail « à une place convenable aisément accessible ainsi que sur la porte des locaux où se fait l'embauche ». Le règlement intérieur est déposé au secrétariat-greffe des prud'hommes et envoyé avec l'avis au CE ou DP à l'inspecteur du travail qui en contrôlera la légalité. L'inspecteur du travail peut exiger le retrait ou la modification des réglementations non conformes ; la décision de l'inspecteur peut être contestée par l'employeur :

– soit par un recours contentieux devant le tribunal administratif (cf. cours de contentieux : recours pour excès de pouvoir) ;
– soit par un recours hiérarchique auprès du directeur régional du travail (la décision de celui-ci pourra faire l'objet d'un recours auprès du ministre du travail).

REMARQUE : si le Conseil de prud'hommes, à l'occasion d'un litige individuel, octroie des dommages et intérêts à un salarié qui a subi un préjudice du fait d'une clause du règlement intérieur interdite, il peut adresser copie du jugement à l'inspecteur du travail (le juge des prud'hommes n'a pas le pouvoir d'annuler la clause).

Un système de contrôle peut être mis en place concernant l'usage d'Internet : mouchard, filtre... à la condition d'en informer le CE/DP, que le moyen de contrôle soit proportionné au but recherché et qu'il soit développé à la suite d'un comportement suspect du salarié (consultation de sites sans lien avec le travail, téléchargement...).

Le salarié a le droit de créer un blog mais il doit néanmoins respecter ses obligations de loyauté, secret professionnel... De plus, il est interdit de dénigrer, diffamer l'entreprise ou tout autre salarié et il doit respecter la confidentialité professionnelle...

Le non-respect de clauses, la diffamation ou le fait de dénigrer peut entraîner le licenciement.

Exercices d'entraînement

Exercice 1

M. HASSAN doit être sanctionné par trois jours de mise à pied pour non-respect des règles de sécurité. Après deux rappels à l'ordre, il a été de nouveau surpris sans casque sur un échafaudage d'un important chantier.

Quelle est la procédure à suivre pour l'application de cette sanction ?

Exercice 2

Au cours des semaines passées, il a fait chaud dans la région où se situe l'unité de production de l'entreprise. Afin d'attirer l'attention sur les conditions de travail au sein des ateliers par grande chaleur, M. SOLEIL, délégué du personnel, et trois de ses collègues, sont venus travailler vêtus seulement d'un maillot de bain. Pire, ils ont pris des photos de l'événement et les ont communiquées à la presse locale qui s'est empressée de les publier avec quelques commentaires.

1. Furieux de l'image ainsi donnée de l'entreprise, le DRH estime qu'il s'agit d'une faute d'une gravité exceptionnelle appelant une sanction immédiate. Quelle faute peut-il reprocher aux salariés ?

2. Peut-il procéder à une mise à pied immédiate des quatre salariés dans l'attente de la mise en œuvre d'une procédure de licenciement ?

Test de connaissances

1. Question de cours

Le règlement intérieur : définition, contenu et publicité

2. Vrai / Faux

1. Le pouvoir de direction de l'employeur lui permet de sanctionner les salariés fautifs.
   - ☐ Vrai ☐ Faux
2. Dans les grandes entreprises, le pouvoir réglementaire de l'employeur se concrétise obligatoirement par la rédaction d'un règlement intérieur.
   - ☐ Vrai ☐ Faux
3. Il existe deux formes de harcèlement en entreprise.
   - ☐ Vrai ☐ Faux
4. L'employeur ne peut pas prendre connaissance des informations qu'un salarié a enregistrées dans un dossier de son ordinateur qualifié de « personnel ».
   - ☐ Vrai ☐ Faux
5. Les comportements du salarié rattachés à la sphère de sa vie privée peuvent être retenus comme motifs de sanction professionnelle.
   - ☐ Vrai ☐ Faux
6. L'employeur qui veut sanctionner un salarié doit agir dans un délai de 2 mois.
   - ☐ Vrai ☐ Faux
7. La mise en place du règlement intérieur est obligatoire à partir de 20 salariés.
   - ☐ Vrai ☐ Faux
8. Le règlement intérieur est un document normé.
   - ☐ Vrai ☐ Faux

9. Le règlement intérieur contient les sanctions disciplinaires applicables dans l'entreprise.
   - [ ] Vrai
   - [ ] Faux

10. L'employeur n'est pas tenu de convoquer un salarié qui a commis une faute.
   - [ ] Vrai
   - [ ] Faux

Cas de synthèse

Dans l'entreprise « Senteurs du midi », l'employeur met à pied David pour abandon injustifié de poste commis le 20 mars.

La procédure a débuté le 12 avril avec la convocation à un entretien préalable, elle s'est poursuivie le 24 avril dans le cadre d'un entretien.

La notification de la sanction a eu lieu le 9 mai. La sanction a été exécutée le 15 mai.

De plus, l'employeur a retenu sur le salaire de David 500 € pour insultes.

Travail à faire

Ces sanctions disciplinaires sont-elles justifiées ?

6 La perte de l'emploi

Synthèse des connaissances

1 - La notion de licenciement

Le licenciement doit être distingué de notions voisines telles que la démission, la résiliation conventionnelle, la rupture pour force majeure, la modification du contrat ou encore la retraite.

A. La démission

La démission est la volonté unilatérale du salarié de mettre fin au CDI.

La jurisprudence soumet la démission à des conditions de validité :
- la volonté du salarié doit être sérieuse, c'est-à-dire non exprimée sous l'emprise de la colère ou de l'émotion ;
- la volonté doit être libre, c'est-à-dire non exprimée sous la contrainte physique ou morale ou sous la pression des événements (ex. : salarié impayé) ;
- la volonté doit être non équivoque, c'est-à-dire certaine, elle ne se présume pas sauf cas particuliers : le salarié absent, en mesure de répondre aux lettres de son employeur mais qui s'y abstient, est présumé démissionnaire. À l'inverse, le salarié en détention n'est pas présumé démissionnaire.

Si la démission ne répond pas à l'un de ces 3 critères, il s'agira d'un licenciement.

B. La transaction

Il s'agit de distinguer la rupture conventionnelle (cf. 5) de la transaction.

La transaction n'est pas un mode de rupture du contrat de travail ; elle permet simplement à l'employeur et au salarié de régler définitivement un différend qui les oppose. Les parties s'interdisent alors de porter leur litige devant la justice.

La transaction est donc une convention signée postérieurement à la rupture du contrat par laquelle les parties, en consentant des concessions réciproques, mettent fin à une contestation éventuelle. Cependant, le juge peut annuler la transaction à la demande d'une des parties (le plus souvent le salarié) pour insuffisance de concessions ; le salarié ignorant que la loi lui offrait plus.

En cas d'inexécution de la transaction, il suffit de s'adresser au président du TGI pour obtenir force exécutoire de la transaction.

C. Le licenciement et le cas de force majeure

Un événement de force majeure est un événement irrésistible, imprévisible ou extérieur. L'indemnité de licenciement n'aura pas à être versée, il n'y aura pas de procédure de licenciement. Cependant, le salarié aura droit aux indemnités de congés payés et aux indemnités chômage.

D. Le licenciement et le départ à la retraite

Il s'agit de distinguer le départ à la retraite de la mise à la retraite :
- dans le cas d'un départ à la retraite, le salarié prend l'initiative du départ à condition qu'il ait l'âge minimum requis et ceci même si le salarié n'a pas une pension à taux plein ;
- la mise à la retraite est la possibilité donnée à l'employeur de rompre le contrat d'un salarié ayant atteint 67 ans ou s'il peut bénéficier d'une retraite à taux plein et qu'il a au moins 62 ans.

Les clauses couperet sont interdites.

E. Le licenciement et la modification du contrat

L'employeur ne pourra modifier le contrat qu'avec l'accord du salarié.

La cause de la modification peut être de 3 ordres :
- modification pour motif économique : l'employeur doit respecter une procédure particulière : si le salarié accepte, un avenant au contrat sera fait. En cas de refus de la modification, le salarié est susceptible d'être licencié pour motif économique. Si le motif de la modification ne se retrouve pas dans l'un des 3 motifs de licenciement économique (difficulté économique, mutation technologique, réorganisation pour sauvegarder la compétitivité), le licenciement pourra être qualifié d'abusif par le juge ;
- modification pour motif non économique (cf. chapitre 4, modification du contrat de travail) ;
- modification pour motif disciplinaire (cf. chapitre 4, modification du contrat de travail).

2 - Le licenciement pour motifs personnels

Au terme de l'article L. 1232-1, le licenciement pour motif personnel doit reposer sur une cause réelle et sérieuse.

A. Appréciation des raisons du licenciement

La cause doit être réelle, c'est-à-dire existante, exacte et objective. Elle doit être sérieuse, c'est-à-dire rendre impossible la poursuite du contrat de travail.

On peut répertorier plusieurs familles ou catégories de causes.

1) La faute

Il existe quatre niveaux de fautes :
- la faute légère : uniquement sanctions disciplinaires, pas de licenciement ;
- la faute sérieuse : « faute d'une certaine gravité, sans dommage pour l'entreprise qui rend impossible la continuation du travail et qui rend nécessaire le licenciement ». Les indemnités de licenciement sont accordées. Ex. : refus d'un changement des conditions de travail pour circonstances personnelles (la mère qui refuse une modification de ses horaires de travail car elle ne peut plus aller chercher ses enfants à l'école) ;
- la faute grave : elle rend impossible la continuation du contrat, même pendant le préavis et justifie une rupture immédiate sans indemnité ;
- la faute lourde : avec intention de nuire. Rupture immédiate sans indemnité, le salarié peut même être condamné à payer des dommages et intérêts.

2) L'insuffisance professionnelle

D'après la jurisprudence, ce motif doit être étayé de fait précis et objectifs. L'insuffisance professionnelle ne doit pas être imputable à un comportement fautif de l'entrepreneur (quota irréalisable manque de formation...).

3) L'impossibilité de reclassement

Suite à une incapacité, invalidité ou un refus de modification du contrat de travail. À l'issu de l'arrêt maladie ordinaire, le médecin du travail peut déclarer le salarié inapte physiquement : l'employeur est alors débiteur d'une véritable obligation de reclassement et il doit lui proposer des mesures de mutation ou de transformation de poste. En cas d'impossibilité, le licenciement est prononcé (sans préavis).

À l'issue d'un arrêt suite à un accident de travail ou une maladie professionnelle, si le salarié est déclaré inapte (partiellement), l'employeur doit le reclasser. Si c'est impossible ou si le salarié refuse le reclassement, le licenciement avec indemnités doublées est prononcé.

4) L'impossibilité de palier les conséquences liées à l'absence d'un salarié en maladie ordinaire

L'employeur trouve une cause réelle et sérieuse de licenciement dans la nécessité de procéder au remplacement effectif du salarié malade : le problème est de savoir à partir de quel moment précis les conséquences de l'absence rendent nécessaire le remplacement effectif. Cela dépend de plusieurs facteurs :
– la durée de l'absence : 2 à 3 mois consécutifs ou non ;
– les fonctions exercées par le salarié ;
– l'impossibilité de palier les conséquences de l'absence : ainsi lorsque l'employeur a pu réorganiser ses équipes ou recourir à un CDD ou CTT, il ne peut pas être considéré comme s'étant trouvé dans la nécessité de remplacer le salarié malade. Le licenciement est abusif (jurisprudence de l'attente).

B. La procédure

Pour toutes les entreprises et tous les salariés quels que soient leur ancienneté et l'effectif de l'entreprise, sauf période d'essai, la procédure suivante est applicable :
– convocation du salarié : la convocation se fait par LRAR ou par lettre remise en main propre contre décharge, en indiquant au salarié le motif de la convocation. La convocation doit rappeler que le salarié peut se faire assister par une personne de son choix au cours de l'entretien, ou dans les entreprises sans représentation du personnel par un conseiller du salarié extérieur à l'entreprise : il s'agit de salariés inscrits sur une liste dressée par le préfet et qui assistent le salarié convoqué. Le temps passé hors de son entreprise est du temps de travail effectif, il (le conseiller) est soumis au secret professionnel et c'est un salarié protégé. Les erreurs de procédure concernant le conseiller du salarié ouvrent droit à des indemnités correspondant à 6 mois de salaire (pour le salarié) ;
– délai avant l'entretien : 2 ou 5 jours (suivant si CE/ DP) ;
– entretien : au cours de l'entretien, l'employeur est tenu d'énoncer les motifs de la décision envisagée et de recueillir les explications de l'intéressé. Le salarié peut se faire assister d'une personne de son choix appartenant au personnel de l'entreprise ;
– délai de réflexion : minimum 1 jour ;

— notification du licenciement : LRAR (pour la preuve). Le licenciement doit être motivé.

3 - Le licenciement pour motif économique

Article L. 1233-3 du Code du travail :

« Est considéré comme licenciement économique celui effectué par un employeur pour un ou plusieurs motifs non inhérents à la personne du salarié, résultant d'une suppression ou d'une transformation d'emploi ou d'une modification substantielle du contrat de travail, consécutives notamment à des difficultés économiques ou des mutations technologiques. »

A. La cause réelle et sérieuse

La jurisprudence a défini les éléments nécessaires à l'existence de la cause économique réelle et sérieuse.

D'abord, la loi et la jurisprudence exigent que le licenciement soit dû à l'un des motifs suivants :
- des difficultés économiques : elles doivent être distinguées de la volonté de faire des économies. Ex. : licencier un salarié qui coûte cher pour le remplacer par un salarié moins cher : dans ce cas, le licenciement économique sera abusif ;
- des difficultés artificiellement créées : licenciement économique abusif. Si la société appartient à un groupe, les difficultés s'apprécient au niveau de celui-ci (si une société est en difficulté et que le groupe va bien : licenciement économique abusif) ;
- des mutations technologiques : le licenciement ne sera valable qui si l'employeur a satisfait à son obligation d'assurer l'adaptation des salariés à l'évolution de leur emploi ;
- la réorganisation de l'entreprise pour sauvegarder la compétitivité de celle-ci : lorsque la réorganisation n'est pas liée à des difficultés économiques ou à des mutations technologiques : licenciement abusif.

Ex. : la Cour de cassation (arrêt Miko) a stigmatisé les licenciements boursiers, elle reproche à la société Miko d'avoir privilégié le niveau de rentabilité au détriment de l'emploi sous prétexte de réorganiser pour sauvegarder la compétitivité.

Le licenciement doit résulter :
- d'une suppression d'emploi (ex. : disparition de la tâche, externalisation de celle-ci) ;

- d'une transformation d'emploi : elle se traduit généralement par une modification substantielle du contrat de travail ;
- d'une modification substantielle du contrat de travail.

Ex. : la société Bosch a conclu par accord d'entreprise une durée hebdomadaire de 39 heures avec ses salariés.

Enfin, la jurisprudence considère que le licenciement n'est valable que si l'employeur a satisfait à son obligation de reclassement. Le licenciement pour motif économique d'un salarié ne peut intervenir que lorsque tous les efforts de formation et d'adaptation ont été réalisés et que le reclassement de l'intéressé sur un emploi de même catégorie que celui qu'il occupait ou équivalent ou à défaut d'une catégorie inférieure (avec l'accord express du salarié car il s'agit d'une modification substantielle du contrat de travail) ne peut être réalisé dans l'entreprise ou dans les entreprises du groupe auquel l'entreprise appartient.

Les offres de reclassement doivent être écrites et précises.

REMARQUE : lorsqu'il y a un plan de sauvegarde de l'emploi, le reclassement doit être recherché même à l'extérieur de l'entreprise (chez ses partenaires).

B. Les mesures sociales d'accompagnement

1) Le plan de sauvegarde de l'emploi

a) Caractère obligatoire

Le plan de sauvegarde de l'emploi est obligatoire dans les entreprises employant au moins 50 salariés :

- qui procèdent sur une même période de 30 jours à au moins dix licenciements ;
- qui procèdent pendant 3 mois consécutifs à des licenciements de plus de 10 personnes au total, sans atteindre 10 au cours d'une période de 30 jours et qui envisagent au cours des 3 mois suivant un nouveau licenciement ;
- qui ont procédé au cours de l'année civile à plus de 18 licenciements sans plan de sauvegarde de l'emploi et qui envisagent un nouveau licenciement au cours des 3 mois suivant l'année civile.

b) Contenu et objet

Le plan de sauvegarde de l'emploi a pour objet d'éviter les licenciements ou d'en limiter le nombre et de faciliter le reclassement du personnel dont le licenciement ne pourra être évité, notamment les salariés âgés ou qui présentent des caractéristiques sociales ou de qualification rendant leur réinsertion professionnelle particulièrement difficile.

Le plan de sauvegarde de l'emploi doit prévoir des mesures telles que :
- une action de reclassement interne ou externe ;
- une action de soutien à la création d'activités nouvelles ;
- une action de formation ou de reconversion ;
- une mesure de réduction du temps de travail ou d'aménagement du temps de travail.

Lorsque l'entreprise compte au moins 1 000 salariés, le plan de sauvegarde de l'emploi doit définir les conditions de mise en œuvre de congé de reclassement.

c) Procédure d'élaboration du plan de sauvegarde de l'emploi

L'employeur doit adresser au directeur départemental du travail (DIRECCTE) le projet de plan de sauvegarde de l'emploi qu'il présentera lors d'une première réunion en présence du CE. Le directeur départemental dispose alors de 8 jours pour contrôler la conformité du plan de sauvegarde de l'emploi aux prescriptions légales (action de reclassement, de reconversion, formation...) et s'il l'estime incomplet ou irrégulier il notifiera à l'employeur son constat de carence.

Le plan de sauvegarde de l'emploi est donc soumis à un triple contrôle :
- des représentants du personnel (DP, CE) ;
- de l'administration du travail (DIRECCTE) ;
- du juge (TGI).

Dans l'affaire « Samaritaine », la jurisprudence a annulé le plan social (désormais PSE) pour insuffisance de contenu en précisant « la procédure de licenciement est nulle tant qu'un plan visant au reclassement des salariés s'intégrant au plan de sauvegarde de l'emploi n'est pas présenté par l'employeur aux représentants du personnel. La nullité du plan s'étend alors à tous les actes subséquents dont les licenciements ».

Plus récemment, dans sa décision rendue le 28 février 2013, la Cour d'Appel d'Aix-en-Provence a décidé d'annuler le troisième PSE de la société « Fralib » et les licenciements intervenus.

2) Le congé de reclassement et la convention de reclassement personnalisée (CRP)

a) Le congé de reclassement

Dans les entreprises d'au moins 1 000 salariés, l'employeur doit proposer à chaque salarié un congé de reclassement de 9 mois maximum qui débute si nécessaire par un bilan de compétence et qui permet au salarié de bénéficier d'actions de formation, des prestations d'une cellule d'accompagnement, d'une démarche de recherche d'emploi... Si le salarié refuse, une convention de reclassement personnalisée lui sera proposée.

b) La convention de reclassement personnalisée

Après la rupture de son contrat, le salarié (qui refuse le congé de reclassement, si entreprise ≥ 1 000 salariés ou tout salarié dans les autres cas) peut accepter la proposition de l'employeur de bénéficier d'une convention de reclassement personnalisée ; « lui permettant de bénéficier d'actions de soutien psychologique, d'orientation, d'accompagnement, d'évaluation des compétences professionnelles en vue de favoriser son reclassement externe ». Si le salarié accepte la CRP, le contrat est rompu d'un commun accord, sans préavis (ni indemnités de préavis) mais avec indemnités de licenciement. Pendant l'exécution de la convention, le salarié a le statut de stagiaire de la formation professionnelle.

c) La priorité de réembauchage

Tout licencié économique bénéficie pendant un an d'une priorité de réembauchage à condition de manifester le désir d'user de cette priorité au cours de cette année.

Attention, la priorité de réembauchage doit figurer dans la lettre de licenciement, sinon il s'agit d'une irrégularité ouvrant droit à des indemnités selon le préjudice subi.

Si l'employeur n'informe par le salarié d'un poste disponible, il y a irrégularité ouvrant droit à des indemnités minimums de 2 mois de salaire.

C. La procédure

1) La procédure de licenciement individuel économique

Le choix du salarié à licencier dépend de la prise en compte par l'employeur de critères prévus par l'article L. 1233-5 du Code du travail, à savoir : les charges de famille, l'ancienneté, les qualités professionnelles et les possibilités de réinsertion professionnelle.

La loi n'impose pas d'ordres dans l'application de ces critères, il appartient à l'employeur de choisir de privilégier l'un ou quelques d'entre eux. En cas de contestation portant sur le choix de la personne licenciée, l'employeur doit fournir au juge l'ensemble des éléments objectifs sur lesquels il s'est appuyé pour arrêter son choix.

Ex. : si l'employeur a privilégié le critère des qualités professionnelles, il doit fonder son appréciation sur des faits précis.

Si l'employeur ne se conforme pas au(x) critères(s) choisi(s), et à sa (leur) hiérarchie, le salarié peut saisir alors le tribunal des prud'hommes qui décidera d'une illégalité qui engage la responsabilité de l'employeur qui doit alors réparer par une indemnité proportionnelle au préjudice subi. Le défaut de réponse de l'employeur (l'employeur doit répondre par LRAR dans les 10 jours) constitue une irrégularité avec dommages et intérêts à hauteur du préjudice subi. Le fait d'adhérer à une convention de reclassement personnalisée n'interdit pas de contester le choix du salarié ou l'ordre des licenciements.

2) Le licenciement de 2 à 9 salariés sur 30 jours

La procédure est la même que pour un licenciement économique individuel. Cependant, un ordre doit être établi entre les salariés concernés par application des critères (le numéro le plus élevé ayant moins de chance d'être licencié que le n° 1).

Pour les entreprises de plus de 11 salariés, un ordre des licenciements sera établi ; l'employeur devra aussi réunir les représentants du personnel. La procédure de convocation est la même que pour un licenciement individuel.

3) Le licenciement de 10 salariés et plus

- 1re étape : information du projet de licenciement au CE/DP. Dans un délai de 3 jours maximum, la première réunion avec le CE/DP doit avoir lieu. La décision du CE/DP est transmise à la DIRECCTE ; le CE peut se faire assister d'un expert-comptable ;
- 2e étape : 2e réunion avec le CE/DP. Si le CE s'est fait assister d'un expert-comptable, cette réunion doit impérativement avoir lieu le 21e ou 22e jour suivant la 1re réunion. Si le CE ne s'est pas fait assister d'un ex-

pert, la réunion doit avoir lieu dans un délai maximum de 14 jours si le nombre de licenciement est inférieur à 100, de 21 jours si le nombre de licenciement est compris entre 100 et 249 et de 28 jours si le nombre de licenciement est de 250 ou plus ;

- de plus, l'employeur est tenu de remettre une convention à chaque associé (qui dispose de 21 jours pour répondre) et d'adresser à la DIRECCTE le PV de la 2e réunion et les renseignements sur l'identification, la qualification des salariés et les mesures d'accompagnement (la procédure s'arrête ici dans ce cas) ;
- 3e étape : 3e réunion avec le CE/DP (si le CE est assisté d'un expert-comptable). À l'issu de cette réunion, l'employeur devra remettre une convention à chaque associé et adresser à la DIRECCTE le PV de la 2e réunion et les renseignements sur l'identification, la qualification des salariés et les mesures d'accompagnement.

Sachant que, dans tous les cas, après une réunion une notification doit être faite à la DIRECCTE, au moins le lendemain. Celle-ci vérifie le respect de la procédure et notifie à l'employeur les éventuelles irrégularités qu'elle a constatées (il dispose alors d'un délai de réflexion).

4 - Les effets de la rupture

A. Le préavis et les indemnités de licenciement

En cas de licenciement (sauf faute grave ou lourde), l'employeur doit respecter un préavis (ou délai-congé) en fonction de l'ancienneté et de la catégorie socio-professionnelle à laquelle appartient le salarié.

L'employeur peut dispenser le salarié de réaliser le préavis et lui versera une indemnité compensatrice de préavis :
- en cas de démission : préavis fixé par convention ou usage ;
- indemnités en cas de licenciement personnel (sauf faute grave ou lourde), le salarié licencié pour motif personnel a droit à une indemnité correspondante à 1/5e de mois de salaire par année d'ancienneté majoré de 2/15e de mois au-delà de la 10e année ;
- en cas de licenciement économique, les indemnités précédentes sont multipliées par 2 ;
- l'indemnité se calcule sur la base de la moyenne des 3 derniers mois de salaire ou des 12 derniers si elle est plus favorable. La convention collective peut prévoir une indemnité plus favorable.

B. La sanction du licenciement irrégulier ou abusif

1) La sanction du licenciement irrégulier

Lorsque la procédure n'est pas respectée, le salarié a droit à des indemnités :

- pour non-respect de la procédure (convocation à l'entretien individuel, notification du licenciement), en cas de licenciement personnel ou économique (de 1 à 9 salariés) et lorsque le licenciement est fondé sur une cause réelle et sérieuse (licenciement valable), le salarié a droit à une indemnité d'un mois de salaire au plus. Lorsque le licenciement est abusif, cette indemnité n'est pas due (*idem* si le salarié a mois de 2 ans d'ancienneté ou travaille dans une entreprise de moins de 11 salariés) ;
- si l'employeur ne répond pas à la demande du salarié à propos des critères de choix ou d'ordre ou si ceux-ci ne sont pas appliqués objectivement : le salarié aura droit à des dommages et intérêts en fonction du préjudice subi ;
- si la lettre de notification de licenciement ne comporte pas la priorité de réembauchage, le salarié aura droit à des dommages et intérêts en fonction du préjudice subi ; si l'employeur n'a pas donné d'informations sur les postes vacants lorsque le salarié a fait jouer sa priorité de réembauchage : dommages et intérêts ≥ 2 mois de salaire ;
- en cas de licenciement économique de plus de 9 salariés, en cas de non-respect des obligations d'information et de réunion du CE/DP : indemnité ≥ 1 mois et amende ;
- irrégularité en matière du plan de sauvegarde de l'emploi : lorsque le PSE est inexistant ou incomplet (notamment en matière de reclassement), le juge peut prononcer la nullité du PSE qui s'étend aux actes subséquents dont les licenciements qui sont nuls. Le salarié peut demander la poursuite de son contrat avec réintégration, sinon les indemnités seront au minimum égales à 12 mois de salaire.

2) La sanction du licenciement abusif

Lorsque le motif n'est pas réel ou sérieux, ou lorsque la motivation figurant dans la lettre de notification du licenciement est insuffisante, le salarié a droit à une indemnité qui ne saurait être inférieure à 6 mois de salaire (article L. 1235-3 du Code du travail).

C. L'apurement de la situation du salarié

À la fin du contrat pour quelques raisons que ce soit, on remet un certificat de travail au salarié. Le reçu pour solde de tout compte est facultatif. Le salarié reçoit également une attestation Assedic.

5 - La rupture conventionnelle

A. Définition

La rupture conventionnelle est un mode de rupture autonome qui permet à l'employeur et au salarié de convenir en commun des conditions de la rupture du contrat de travail à durée indéterminée qui les lie.

B. La convention de rupture

La rupture conventionnelle résulte d'une convention signée par les parties au contrat après un ou plusieurs entretiens au cours desquels les parties peuvent se faire assister.

La convention fixe également la date de rupture du contrat de travail, qui ne peut intervenir avant le lendemain du jour de l'homologation.

À compter de la date de la signature de la convention de rupture par les deux parties, chacune d'entre elles dispose d'un délai de 15 jours calendaires pour exercer son droit de rétractation.

Ce droit de rétractation doit être exercé sous la forme d'une LRAR ou d'une lettre remise en main propre contre décharge, afin d'attester de sa date de réception par l'autre partie.

À l'issue du délai de rétractation, la partie la plus diligente adresse une demande d'homologation à la DIRECCTE, avec un exemplaire de la convention de rupture.

La DIRECCTE dispose d'un délai d'instruction de 15 jours ouvrables, à compter de la réception de la demande, pour s'assurer du respect des règles de validité et de la liberté de consentement des parties.

À défaut de notification dans ce délai, l'homologation est réputée acquise et la DIRECCTE est dessaisie : la validité de la convention est subordonnée à son homologation.

C. Les effets de la rupture

La convention de rupture doit préciser notamment le montant de l'indemnité spécifique de rupture conventionnelle qui ne peut être inférieur à celui de l'indemnité légale de licenciement (montant minimal).

Une fois l'homologation acquise, le contrat de travail peut être rompu.

Les contestations sont du ressort du Conseil de prud'hommes.

Exercices d'entraînement

Exercice 1

À la suite de la réorganisation d'un atelier, le gérant a, dans le cadre d'une offre de deux départs volontaires excluant tout licenciement, appelé les salariés de ce service qui le souhaitaient à négocier avec lui une rupture conventionnelle de leur contrat de travail.

Après avoir défini la rupture conventionnelle, vous indiquerez au gérant la procédure à suivre pour la mettre en place.

Exercice 2

Mme HIDALGO assure le secrétariat d'un service comportant de nombreux fumeurs qui ont mal admis la nouvelle réglementation proscrivant l'usage du tabac sur les lieux de travail. Ils persistent à fumer abondamment.

Elle a demandé au DRH, à plusieurs reprises, de faire appliquer le respect de l'interdiction mais en vain. Soucieux d'éviter tout conflit, celui-ci lui a conseillé de régler ce problème à l'amiable. La semaine passée, Mme HIDALGO a adressé une lettre recommandée à la direction exigeant le strict respect de l'interdiction de fumer. Le DRH apprend qu'elle ne s'est pas présentée au travail ce matin mais vient de faire signifier par pli recommandé : « qu'elle prenait acte de la rupture de son contrat de travail du fait de l'impossibilité de son employeur de lui assurer un cadre de travail conforme à la loi ».

1. Un peu inquiet, le DRH vous demande quelle est la portée juridique du dernier courrier reçu de Mme HIDALGO.

2. Quelles peuvent en être les conséquences pour l'entreprise et pour la salariée ?

Test de connaissances

1. Question de cours

Définition légale et jurisprudentielle du licenciement économique

2. Vrai / Faux

1. Le salarié est toujours libre de démissionner.
   - Vrai
   - Faux

2. La démission peut être signifiée sans aucun formalisme particulier.
   - Vrai
   - Faux

3. L'employeur a le droit de licencier un salarié seulement s'il est en CDI.
   - Vrai
   - Faux

4. La cause du licenciement doit être réelle et sérieuse.
   - Vrai
   - Faux

5. Le licenciement est toujours précédé d'un préavis.
   - Vrai
   - Faux

6. La faute est la seule cause possible de licenciement pour motif personnel.
   - Vrai
   - Faux

7. La définition légale du licenciement économique fournit la liste exhaustive des cas où il peut intervenir.
   - Vrai
   - Faux

8. La rupture conventionnelle homologuée rompt le CDI à l'initiative des deux parties.
   - Vrai
   - Faux

9. En cas de licenciement, le salarié a toujours droit à un préavis.
   - Vrai
   - Faux

10. La transaction est un mode de rupture d'un contrat de travail à durée indéterminée.
    - Vrai
    - Faux

Cas de synthèse

M. STEPHANE a été embauché en contrat à durée indéterminée, comme comptable, par la société GEMPLUS le 12 décembre 2013. Depuis quelques mois, M. STEPHANE, en désaccord avec son chef de service, accumule des retards quotidiens de 10 à 15 minutes. D'autre part, chargé de la gestion de la paie, il a commis un certain nombre de négligences générant des retards dans l'acquittement des cotisations sociales ainsi que des régularisations dues à des erreurs sur les bulletins de salaires.

Le gérant souhaiterait licencier M. STEPHANE.

Travail à faire

1. Le licenciement de M. STEPHANE est-il possible ? Pour quel motif ?

2. Quelle est la procédure à mettre en œuvre et quels sont les délais à respecter ?

7 Les institutions représentatives du personnel

Synthèse des connaissances

Trois institutions représentatives du personnel et des syndicats sont présentes dans l'entreprise :

- le Comité d'entreprise (CE) : organe collectif, doté de pouvoirs importants dans le domaine social mais réduit à un rôle consultatif en matière économique ;
- les délégués du personnel (RP) : ils sont chacun dotés de prérogatives individuelles. Dans les petites entreprises, le rôle du délégué du personnel se rapproche de celui du comité d'entreprise ;
- les sections syndicales et délégués syndicaux.

Désormais, le Code du travail tend à fusionner les institutions ; ainsi dans les entreprises de moins de 200 salariés, les délégués du personnel peuvent constituer la délégation du personnel au CE.

1 - La mise en place des organes de représentation

A. La dimension de l'entreprise

1) L'effectif minimum nécessaire à la création de l'institution

- Délégués du personnel : 11 salariés minimum.
- Membres du CE et délégués syndicaux : 50 salariés minimum.
- Section syndicale : aucun effectif minimum.

Sont comptabilisées comme faisant partie de l'effectif d'une société :

- les salariés en CDI ;
- les salariés en CDD (sauf en cas de remplacement de salariés absents : le salarié absent étant, quant à lui, comptabilisé) et au prorata du temps passé dans l'entreprise ;
- les intérimaires ;
- les salariés mis à la disposition de l'entreprise ;
- les salariés à temps partiel (au prorata du nombre d'heures effectuées / 35 heures).

Par contre, ne sont pas comptabilisés : les apprentis, les contrats aidés, ni les cadres qui par leurs fonctions représentent le chef d'entreprise (ex. : directeur de l'établissement).

2) La création de l'institution

L'effectif minimum doit avoir été atteint au cours de 12 mois, consécutifs ou non, au cours des 3 dernières années.

3) Le renouvellement de l'institution

Pour les délégués du personnel : si à la date d'expiration de leur mandat, l'effectif est resté inférieur à 11 salariés pendant les 6 derniers mois, ils disparaissent.

Pour le Comité d'entreprise et les délégués syndicaux : seul l'accord des syndicats ou une autorisation de la DIRECCTE peut faire disparaître ces institutions.

B. La structure de l'entreprise

1) L'établissement distinct

Lorsque les activités et le personnel de l'entreprise sont géographiquement dispersés, des instances représentatives doivent être présentes dans chaque établissement distinct. Est considéré comme établissement distinct un établissement répondant aux 3 critères suivants :
- la structure ne doit pas avoir de personnalité morale (sous la direction de l'entreprise, la société ou association mère) ;
- l'effectif doit être suffisant pour permettre la création de l'institution ;
- l'établissement doit être distinct de la société « mère » : éloignement géographique ;
- la présence d'un responsable dans cet établissement qui, par ses fonctions, représente le chef d'entreprise.

2) L'unité économique et sociale

Il s'agit de plusieurs établissements distincts qui ont entre eux des liens plus ou moins étroits. Le droit du travail peut considérer ces établissements comme exploitant une seule et même entreprise (en cas de conditions de travail similaires, même rémunérations, proximité des locaux) : l'effectif des représentants des salariés doit alors être envisagé de façon globale (ex. de fraude : fractionnement d'activités entre plusieurs sociétés avec une personnalité et des salariés propres, afin que l'effectif de chaque société ne permette pas l'élection d'institutions représentatives).

L'unité économique et sociale peut être retenue en dehors de toute idée de fraude.

2 - L'attribution et le fonctionnement des délégués du personnel

A. L'attribution

Les délégués du personnel sont l'organe de transmission au chef d'entreprise des réclamations individuelles ou collectives des salariés.

Ils sont convoqués une fois par mois par le chef d'entreprise et peuvent aussi demander d'être reçus pour des questions urgentes (ex. : atteinte aux libertés individuelles injustifiés).

L'employeur doit alors faire une enquête et prendre les mesures qui s'imposent sinon le Conseil de prud'hommes pourra être saisi.

B. Le fonctionnement

Les délégués du personnel reçoivent les salariés dans un local affecté à cet effet mais en dehors du temps de travail de ces derniers ; ils bénéficient d'un crédit d'heures :
— 15 heures si l'effectif est ≤ 50 salariés ;
— 10 si l'effectif est > 50 salariés ;
— 20 heures en cas de fusion de délégation.

3 - L'attribution et le fonctionnement du CE

A. L'attribution

Le CE est obligatoire dans les entreprises d'au moins 50 salariés. Il est doté de la personnalité morale et est composé de la délégation élue par le personnel, de représentants syndicaux et du chef d'entreprise.

Le CE joue un rôle en matière d'organisation et de marche générale de l'entreprise, de conditions de travail et de politique de l'emploi. Il a une attribution sociale et culturelle (il s'occupe de la gestion de du financement).

B. Le fonctionnement

Le chef d'entreprise doit verser au CE une subvention de fonctionnement égale à 0.2 % de la masse salariale brute.

Les membres du CE disposent d'un crédit d'heures (20 heures / mois), le temps de réunions ne s'imputant pas sur ce crédit d'heures.

Concernant les réunions des entreprises de plus de 150 salariés, elles ont lieu une fois par mois ; pour les entreprises de moins de 150 salariés, une fois tous les 2 mois :
– délibération : à la majorité des membres du CE (décision consignée sur un PV affiché dans l'entreprise) ;
– information du CE sur la situation de l'entreprise : informations fournies : 1 mois après les élections : somme des documents économiques et financiers.

Les entreprises de plus de 300 salariés doivent fournir un rapport annuel ou semestriel sur l'entreprise (emploi, salaire, comparaison homme et femme).

Les entreprises de moins de 300 salariés doivent présenter un rapport annuel :
– informations demandées par le CE : les membres du CE peuvent entreprendre eux-mêmes des études et recherches ou se faire assister d'experts qui tantôt sont rémunérés par l'entreprise, tantôt par le CE ;
– rémunérés par l'entreprise : expert-comptable pour des explications sur les comptes avant l'AG, des documents prévisionnels ou encore dans le cadre du droit d'alerte, pour les procédures de licenciement économique (il a accès aux mêmes documents que le CAC) ;
– rémunérés par le CE : toute étude ou expertise qu'il juge utile.

Tableau synthétique des instances représentatives du personnel

Délégués du personnel	Comité d'entreprise	Comité d'hygiène, de sécurité et des conditions de travail (CHSCT)
1 à 9 salariés selon la taille de l'entreprise	L'employeur, des représentants du personnel et syndicaux	Employeur, médecin du travail et responsable sécurité
À partir de 11 salariés	À partir de 50 salariés	À partir de 50 salariés
Présente les réclamations Saisit l'inspection du travail en cas de plainte Sont consultés sur de nombreux domaines (règlement, licenciements...)	Émet un avis dans le domaine professionnel Est informé sur la marche de l'entreprise et les comptes annuels Gère les activités sociales et culturelles.	Analyse les risques Contribue à la protection Émet des avis sur toute modification dans les conditions d'hygiène et de sécurité.

Il occupe les fonctions du CE en cas de délégation unique	Se réunit une fois par mois et son budget est financé par l'entreprise	Se réunit une fois par trimestre au moins

4 - Le droit syndical dans l'entreprise

A. La section syndicale

Chaque syndicat représentatif (de droit ou de fait) peut constituer au sein de l'entreprise une section syndicale qui assume la représentation des intérêts matériels et moraux de ses membres (il faut qu'il y ait des salariés « encartés »).

La loi du 20 août 2008 pose sept critères légaux de représentativité d'un syndicat :
— le respect des valeurs républicaines ;
— l'indépendance (par rapport à l'employeur) ;
— la transparence financière : les organisations syndicales sont tenues de faire certifier leurs comptes ;
— audience électorale : au niveau de l'entreprise, le syndicat doit avoir obtenu au moins 10 % de l'ensemble des suffrages exprimés au 1er tour des élections des membres du CE ou des délégués du personnel ;
— influence : caractérisée par l'expérience et l'activité du syndicat ;
— effectif et cotisations : taux de syndicalisation et cotisations significatives.

La section syndicale n'a pas de personnalité juridique mais son existence est une des conditions de la désignation des délégués syndicaux (DS).

Elle peut disposer de crédits d'heures si l'entreprise a au moins 500 salariés (si effectif > 500 : 10 h, si effectif > 1 000 : 15 h), un crédit d'heures par section.

Elle peut collecter les cotisations, bénéfices de panneaux d'affichage, peut diffuser des tracts aux heures d'entrée et de sortie du travail (même par voie électronique).

Elle peut disposer d'un local (commun à toutes les sections syndicales si au moins 200 salariés, propre si au moins 1 000 salariés). Elle peut organiser des réunions en dehors du temps de travail.

B. Les délégués syndicaux (DS)

Chaque syndicat représentatif qui constitue une section syndicale peut désigner, dans les entreprises d'au moins 50 salariés, un délégué syndical (+ 1 DS par tranche de 1 000 salariés).

Dans les entreprises de moins de 50 salariés, les syndicats représentatifs peuvent désigner un délégué du personnel comme délégué syndical.

Pour être désigné délégué syndical, il faut :
- avoir au moins 18 ans ;
- un an d'ancienneté ;
- la capacité électorale ;
- être désigné parmi les candidats aux élections professionnelles qui ont recueilli au moins 10 % des suffrages exprimés au 1er tour des élections au CE ou DP, quel que soit le nombre de votants. Si aucun candidat ne remplit cette condition, le délégué syndicat peut être désigné soit parmi les autres candidats ou à défaut parmi les adhérents du syndicat au sein de l'entreprise.

Chaque délégué syndical bénéficie d'un crédit d'heures (entre 10 et 20), d'une liberté de déplacement et est invité aux négociations dans l'entreprise.

Le délégué syndical sera la représentation syndicale au Comité d'entreprise dans les entreprises de moins de 300 salariés.

5 - La protection des représentants du personnel

Certains salariés méritent d'être protégés notamment en matière de licenciement.

A. Les bénéficiaires de la protection

En voici la liste :
- tous les représentants en fonction : DP, membres de CE, DS... ;
- les anciens représentants élus 6 mois après la fin de leur mandat (ancien DP) ;
- les anciens DS pendant 12 mois après leur mandat s'ils ont été DS pendant un an au mois ;
- les salariés qui ont demandé l'organisation des élections et les candidats déchus (non élus) : protection pendant 6 mois pour les 1er et 3 mois pour les autres ;
- les salariés conseillers prud'homaux.

B. La procédure de protection

Tous ces salariés ne peuvent être licenciés qu'avec autorisation de l'inspecteur du travail qui doit rendre sa décision dans les 15 jours (8 jours en cas de mise à pied conservatoire). Le défaut de réponse dans ce délai équivaut à un refus d'autorisation.

La décision de l'inspecteur du travail (acceptation ou refus) peut être soit contestée, soit développée par le tribunal administratif.

6 - Les normes collectives négociées

A. Définition

Le Code du travail affirme le droit des salariés à la négociation collective de l'ensemble des conditions de droit et de travail ainsi que de leurs garanties sociales.

Ce droit se manifeste par la négociation et la conclusion d'accords et conventions collectifs de travail.

La convention collective a vocation à traiter de l'ensemble des conditions de travail alors que l'accord ne traite qu'un point particulier de cet ensemble.

Les conventions et accords peuvent être signés à des niveaux très différents tant en ce qui concerne le champ professionnel (ex. : un accord interprofessionnel qui concerne plusieurs branches, les conventions et accords de branche, les accords et conventions d'entreprise voire d'établissement) ou le champ géographique (conventions ou accords nationaux, régional, départemental, communal voire pour une seule entreprise).

B. Les dispositions communes aux accords et conventions collectifs

1) La négociation

L'accord national interprofessionnel (ANI) est négocié par les syndicats représentatifs au niveau national. Sont représentatifs les organisations syndicales ayant obtenu au moins 8 % des suffrages exprimés lors des élections des membres du CE ou DP.

Au niveau de la branche, l'accord (ou la convention) est négocié par les organisations syndicales représentatives, c'est-à-dire ayant obtenu au moins 8 % des suffrages exprimés lors des élections des membres du CE ou DP et les employeurs.

Au niveau du groupe, de l'entreprise ou d'un établissement, l'accord (ou la convention) est négocié entre l'employeur et les syndicats représentatifs dans l'entreprise, c'est-à-dire ayant obtenu au moins 10 % des suffrages exprimés lors des élections des membres du CE ou DP.

2) La conclusion des conventions et accords collectifs

a) ANI et accord ou convention de branche

Pour être adopté, l'accord doit être signé par un ou plusieurs syndicats ayant recueilli seuls ou ensemble au moins 30 % des suffrages exprimés à ce niveau lors des dernières élections professionnelles, sans qu'aucun syndicat représentatif ayant obtenu la majorité des suffrages exprimés à ces mêmes élections ne s'y oppose.

b) Convention et accord d'entreprise, d'établissement ou de groupe

Pour être adopté, l'accord doit être signé par un ou plusieurs syndicats ayant recueilli seuls ou ensemble au moins 30 % des suffrages exprimés au 1er tour des dernières élections professionnelles des titulaires au CE/DP, sans qu'aucun syndicat représentatif ayant obtenu la majorité des suffrages exprimés à ces mêmes élections ne s'y oppose.

3) Application

L'application d'une convention ou accord à quelque niveau que ce soit doit être notifiée à l'ensemble des organisations syndicales d'employeur au niveau de la branche. Les conventions et accords doivent être déposés à la DIRECCTE et au greffe du Conseil de prud'hommes.

4) Durée

Les conventions ou accords peuvent être à durée déterminée ou indéterminée. Lorsqu'il a une durée déterminée, le maximum est de 5 ans. Si, à l'échéance, aucune nouvelle convention n'est conclue, l'ancienne continue à s'appliquer pour une durée indéterminée. La convention/accord à durée indéterminée peut être toutefois dénoncée.

5) Dénonciation et révision des accords à durée indéterminée

a) Dénonciation

L'initiative de la dénonciation appartient à la totalité des syndicats signataires. L'initiateur informe les autres signataires, la DIRECCTE et le greffe des prud'hommes.

Trois mois plus tard, cette dénonciation devient effective. Les négociations doivent alors commencer dans le délai de 3 mois.

Tant qu'une nouvelle convention n'est pas établie, l'ancienne continue à s'appliquer pendant un an (voire plus si la convention dénoncée le prévoit). Passé ce délai d'un an à compter de l'effectivité de la dénonciation, si la convention n'a toujours pas été remplacée, les salariés conservent les avantages individuels acquis (ne concerne pas les nouveaux salariés).

Un avantage individuel acquis est un droit dont bénéficie le salarié à titre personnel et qui correspond à un droit déjà ouvert et non simplement éventuel.

b) Révision

Il s'agit d'un avenant au texte d'origine. La révision a pour effet de supprimer une partie de l'ancien texte immédiatement et de le remplacer définitivement par le nouveau sans préavis à respecter.

C. Les conventions de branche

1) Les conventions ordinaires

Une entreprise appliquera la convention de branche ordinaire si :
- elle entre dans son champ d'application professionnelle ;
- elle entre dans son champ d'application géographique ;
- l'employeur est membre d'une organisation syndicale d'employeurs signataire, ou s'il adhère volontairement à la convention.

> **REMARQUE** : si plusieurs activités différentes sont réalisées au sein de l'établissement, une seule convention doit s'appliquer, celle de l'activité principale, déterminée comme suit :

- si l'entreprise réalise plusieurs activités industrielles, l'activité principale sera celle qui emploie le plus de salariés ;

— si l'entreprise réalise plusieurs activités commerciales, l'activité principale sera celle qui réalise le plus grand chiffre d'affaires.

2) Les conventions étendues ou élargies

Par arrêté, le ministre du Travail peut soit :
— étendre autoritairement la convention de branche à toutes les entreprises se situant dans le champ professionnel ;
— élargir la convention de branche tantôt au niveau géographique, tantôt au niveau professionnel.

Ex. : la convention collective des cafés hôtels restaurants du Var s'applique aux cafés, hôtels, restaurants des Alpes Maritimes. La convention collective de la métallurgie s'applique aux informaticiens ou à la mécanique poids lourds.

D. Les conventions d'entreprise

1) La détermination des négociateurs

La négociation a lieu entre l'employeur et les organisations syndicales salariales représentatitves (OSSR) par l'intermédiaire des DS. Lorsque les DS sont absents, on peut négocier avec le CE/DP ou alors avec un salarié mandaté.

2) L'obligation de négocier

Dans l'entreprise, à l'initiative de l'employeur ou à défaut d'une OSSR, des négociations doivent être entreprises chaque année (sans obligation de parvenir à un accord) sur des thèmes obligatoires :
— salaire ;
— durée et organisation du travail ;
— égalité homme/femme ;
— prévoyance, épargne salariale ;
— formation.

3) La mise en œuvre des conventions d'entreprise

Les conventions collectives d'entreprise doivent respecter le principe de hiérarchie des normes. Toutefois, la loi peut autoriser les négociateurs au niveau de l'entreprise à déroger à ce principe (ex. : heures supplémentaires).

REMARQUES :

– les accords atypiques : l'employeur, en dehors de tout cadre de négociation, peut prendre des engagements qui constituent des engagements unilatéraux de sa part, mettant en jeu sa responsabilité s'il ne les respecte pas ;

– l'usage dans l'entreprise : l'employeur peut accorder des avantages qui ne sont écrits nulle part (13e mois), cet usage devient un élément juridique du contrat que l'employeur doit respecter s'il remplit les 3 conditions suivantes :

• la généralité : l'avantage est accordé à tout le personnel,

• la constance : l'avantage se répète dans le temps,

• la fixité : les modalités d'attribution de cet avantage sont déterminées (13e mois, 5 jours de congés payés supplémentaires...).

L'employeur peut dénoncer un usage en respectant un préavis et en ouvrant de nouvelles négociations.

Exercices d'entraînement

Exercice 1

M. LAO, délégué du personnel, au cours d'une réunion avec l'employeur lui rappelle la nécessité d'organiser le renouvellement des délégués du personnel et lui demande de prendre les dispositions nécessaires à la mise en place simultanée du Comité d'entreprise. L'entreprise emploie 59 salariés en CDI.

Indiquer les conditions de cette mise en place ainsi que la composition du Comité d'entreprise.

Exercice 2

À son arrivée à la tête de la société FITNESS HANGAR, le directeur général a constaté que vingt-cinq salariés y travaillaient, l'un d'entre eux étant délégué syndical. Après le rachat en mars 2013 des salles de sport de Marseille, l'effectif total s'élève à cinquante-quatre salariés, la plupart travaillant à temps partiel. Le directeur général vous interroge sur la représentation du personnel en janvier 2014.

1. Comment justifier la présence d'un délégué syndical alors que l'entreprise n'employait que vingt-cinq salariés avant le rachat ?

2. Un Comité d'entreprise devra-t-il être mis en place après le rachat ?

Test de connaissances

1. Question de cours

La représentativité d'un syndicat dans une entreprise : critères

2. Vrai / Faux

1. Les délégués du personnel et les délégués syndicaux sont élus par les salariés dans l'entreprise.
   - Vrai - Faux

2. Seuls les syndicats représentatifs peuvent participer à la négociation des accords collectifs du travail.
   - Vrai - Faux

3. La protection dont bénéficient les représentants du personnel ne s'applique qu'aux titulaires.
   - Vrai - Faux

4. La mise en place de délégués du personnel est obligatoire à partir de 50 salariés.
   - Vrai - Faux

5. La mise en place du Comité d'entreprise est obligatoire à partir de 50 salariés.
   - Vrai - Faux

6. Un CHSCT peut exister dans les entreprises comptant moins de 50 salariés.
   - Vrai - Faux

7. Le nombre de syndicats présents dans l'entreprise varie en fonction de l'effectif.
   - Vrai - Faux

8. Tous les syndicats peuvent créer une section syndicale.
   - Vrai - Faux

9. Tous les syndicats peuvent désigner un délégué syndical.
   - ☐ Vrai ☐ Faux

10. Un avantage individuel acquis est un droit dont bénéficie le salarié à titre personnel et qui correspond à un droit déjà ouvert et non simplement éventuel.
   - ☐ Vrai ☐ Faux

Cas de synthèse

Le gérant envisage de dénoncer l'accord d'entreprise signé il y a deux ans avec les trois syndicats représentatifs de l'entreprise (Sud, CGT, FO). Une disposition de cet accord prévoit l'octroi d'une prime d'ancienneté à partir de trois ans de présence dans l'entreprise. Des négociations ont été engagées, mais elles s'annoncent difficiles. Mme PAUL a 10 ans d'ancienneté dans l'entreprise et souhaite conserver cette prime.

Travail à faire

1. Quelle procédure l'employeur doit-il respecter pour dénoncer cet accord ?

2. Mme PAUL peut-elle prétendre conserver cette prime ?

8 Les conflits collectifs

Synthèse des connaissances

1 - La grève

Il n'existe pas de définition légale de la grève. La grève est la cessation collective et concertée du travail, en vue d'appuyer des revendications professionnelles préalablement présentées à l'employeur.

Le droit de grève est un droit constitutionnel, à la condition qu'il s'agisse de l'exercice normal du droit de grève.

A. Les conditions d'exercice normal du droit de grève

L'exercice normal du droit de grève s'entend d'une grève qui correspond aux critères posés par la définition et qui ne constitue pas un abus.

1) Les critères de la définition

La grève suppose :

— une cessation complète d'activité. Plusieurs situations :
  - la grève perlée (travail ralenti) : il n'y a pas de cessation complète d'activité, il s'agit donc d'une faute professionnelle pouvant entraîner des sanctions disciplinaires,
  - la grève du zèle (applique « trop bien » la réglementation, entraînant une désorganisation), il n'y a pas de cessation complète d'activité, il s'agit donc d'une faute professionnelle pouvant entraîner des sanctions disciplinaires,
  - la grève tournant ou avec débrayages répétés : il s'agit bien d'une cessation complète d'activité, mais avec volonté de désorganiser plus que de raison l'entreprise et donc constitutive d'un abus du droit de grève ;

— une cessation collective : sauf si l'individu est seul dans l'entreprise ou qu'il répond à un mouvement lancé par un syndicat national ;

— cessation concertée : volonté commune de cesser le travail dans un but déterminé. La grève sauvage (décidée par les salariés eux-mêmes sans action syndicale) répond aux conditions normales ;

— une revendication professionnelle :
  - la grève politique : en principe non valable, sauf si elle est mixte, c'est-à-dire que les revendications concernent également l'entreprise,
  - la grève de solidarité : valable uniquement si elle porte sur une cause collective propre à la situation professionnelle des grévistes solidaires,

  - la grève de confort : il s'agit de revendication de confort (machine à café, jours de congés successifs) : exercice anormal du droit de grève ;
- préalablement présentée à l'employeur : la grève surprise : valable tant que les revendications ont été préalablement présentées à l'employeur.

2) Les limites

Même si la grève respecte les critères de la définition, elle ne doit pas être abusive, c'est-à-dire être marquée d'une volonté de désorganiser l'entreprise plus que de raison. Il s'agit alors de l'exercice anormal du droit de grève constitutif d'une faute lourde (avec licenciement du gréviste).

Les exactions commises pendant la grève sont des fautes lourdes : destruction, séquestration, violence...

B. Les effets de la grève

1) Sur l'emploi

Lorsque la grève répond aux critères de définition, elle ne rompt pas le contrat de travail sauf faute lourde (volonté de désorganiser ou exaction). Lorsqu'elle ne répond pas à la définition, une faute grave suffit pour licencier ; sinon, il y a des sanctions disciplinaires.

L'ancienneté est suspendue. Il est formellement interdit de remplacer des grévistes par des CDD, CTT (mais sous-traitance possible, ainsi que la réorganisation par affectation de non-grévistes aux postes des grévistes : mais attention car cela constitue une modification du contrat de travail).

2) Sur le salaire

La prime d'assiduité peut être réduite pour les grévistes à la condition qu'elle soit affectée par tout autre motif d'absence (maladie...).

Le salaire des non-grévistes est versé même s'ils sont empêchés de travailler, sauf lorsque l'employeur a pratiqué un lock-out, leurs salaires sont alors pris en charge par le chômage technique.

2 - Le lock-out

Il s'agit d'une fermeture de l'entreprise à l'initiative de l'employeur.

A. Les conditions de licéité

En principe, il est illicite lorsqu'il constitue une riposte à un mouvement de grève.

Il est licite lorsque des raisons de sécurité des biens ou des personnes le justifient ; ou lorsqu'il est justifié par la nécessité d'arrêter l'exploitation pour une impossibilité de fonctionnement (blocage des différentes issues de l'entreprise).

B. Les conséquences

Lorsqu'il est illicite, l'employeur paiera les salaires perdus, lorsqu'il est licite, les salariés sont pris en charge par le chômage technique.

3 - Le mode de règlement des conflits collectifs

A. La conciliation

Tout conflit collectif peut être soumis à un conciliateur chargé de favoriser les échanges entre les parties. Il s'agit du niveau le « plus souple » pour régler les conflits collectifs.

Si un accord est trouvé, un procès-verbal est établi et a valeur d'accord collectif.

En cas de désaccord, un procès-verbal est établi et les procédures de médiation ou d'arbitrage sont applicables.

B. La médiation

Le médiateur a un pouvoir d'investigation (reçoit les parties, interroge les tiers...), il a l'issue de ses investigations et forme des recommandations.

Si les parties acceptent les recommandations, elles produisent les effets d'un accord collectif.

C. L'arbitrage

Facultatif, il n'est généralement mis en place qu'après l'échec d'une conciliation ou d'une médiation. Les parties choisissent d'un commun accord l'arbitre.

L'arbitre n'intervient que si les parties sont d'accord, il rend une sanction arbitrale à caractère obligatoire.

D. La procédure participative

Elle ne s'applique pas aux litiges relatifs au droit du travail.

Exercice d'entraînement

Exercice 1

Devant l'obstination de l'employeur à ne pas vouloir leur verser le deuxième mois de prime, une trentaine de salariés adhérents de Force Ouvrière se mettent en grève et bloquent l'accès de tous les chantiers de l'entreprise.

1. Cette grève vous semble-t-elle licite ?

2. Le comportement des grévistes est-il conforme à la loi ?

Exercice 2

La SARL CAP existe maintenant depuis plus de 20 ans. Certains salariés sont mécontents car, malgré une fidélité parfois supérieure à 10 ans, ceux-ci n'ont pas obtenu de revalorisation de salaire lors de la dernière négociation annuelle. Les salariés souhaitent faire pression sur leur employeur et votent en assemblée générale le début d'une grève reconductible.

Tous les salariés font grève sauf Mme GOMEZ, l'assistante du gérant, Mme PIERRE, M. PAUL et M. PETER. Les salariés grévistes occupent alors l'entrée de l'entreprise et dissuadent les salariés non-grévistes d'aller travailler.

1. Le mouvement de grève des salariés est-il valable ?

2. Quelles sont les conséquences de la grève pour les salariés grévistes ?

Test de connaissances

1. Question de cours

L'exercice normal du droit de grève

2. Vrai / Faux

1. La grève doit toujours être précédée d'un préavis.
   ☐ Vrai ☐ Faux

2. Les salariés grévistes perdent le droit à rémunération pendant le temps de la grève.
   ☐ Vrai ☐ Faux

3. Des salariés décident d'arrêter complètement le travail tous les jours 15 minutes. Cette situation est valable.
   ☐ Vrai ☐ Faux

4. Le lock-out est la fermeture de l'entreprise à l'initiative des salariés.
   ☐ Vrai ☐ Faux

5. La grève perlée entre dans un exercice normal du droit de grève.
   ☐ Vrai ☐ Faux

6. La conciliation est un mode amiable de règlements des litiges.
   ☐ Vrai ☐ Faux

7. La procédure participative s'applique aux litiges relatifs au droit du travail.
   ☐ Vrai ☐ Faux

8. Pendant la grève, les salariés sont normalement payés.
   ☐ Vrai ☐ Faux

9. Des salariés grévistes qui empêchent des salariés non-grévistes de pénétrer dans les locaux de l'entreprise peuvent commettre une faute lourde.
   ☐ Vrai ☐ Faux

10. La grève rompt le contrat de travail.
    ☐ Vrai ☐ Faux

Cas de synthèse

Depuis une semaine, les deux tiers du personnel de l'entreprise de fabrication de meubles Perfect Home étaient en grève. Le conflit, déclenché par les délégués syndicaux, avait été motivé par le rejet d'une demande d'augmentation des salaires de 6 %. Finalement, l'employeur ayant accordé une revalorisation de 4 % des rémunérations, le travail a repris.

Cependant, deux ouvriers et un contremaître, M. CHARVET, déçus par les résultats du mouvement de revendication, décident de continuer à manifester leur mécontentement en ralentissant volontairement leur rythme de travail. Cette attitude perdurant plusieurs jours, le directeur des ressources humaines (DRH) de l'entreprise Perfect Home envisage de licencier le contremaître, considéré comme le meneur, et le lui fait savoir.

Travail à faire

1. Qualifiez juridiquement le comportement des trois salariés après la cessation de la grève. Est-il licite ? Justifiez votre réponse en prenant appui sur la définition de la grève et sur ses conditions de validité.

2. Analysez le comportement du contremaître ainsi que les conditions et les suites de son éventuel licenciement.

9 La rémunération

Synthèse des connaissances

1 - Le salaire

A. Les éléments du salaire

La rémunération comprend généralement un élément principal nommé « salaire de base » et des accessoires divers sous forme de prime, avantage en nature...

1) Le salaire de base

Il peut être au temps, au rendement ou un mix des deux. Si le salaire au rendement n'atteint pas le Smic, l'employeur doit l'assurer au salarié.

2) Les accessoires

Ils permettent l'individualisation des salaires. On en distingue plusieurs : la prime et les gratifications, les avantages en nature.

La question essentielle qui se pose est de savoir si ces accessoires ont la nature juridique de salaire avec caractère obligatoire car, en cas de suppression ou modification de cet avantage, l'employeur doit appliquer la réglementation sur la modification du contrat de travail (cf. chapitre 4).

La prime est en liaison avec le travail alors que la gratification est plutôt une libéralité (en lien ou non avec le travail). Lorsque la prime ou gratification est prévue dans le contrat de travail, en accord/convention ou encore lorsqu'elle résulte d'un usage, elle a la nature juridique de salaire et ne peut donc être ni réduite ni supprimée unilatéralement par l'employeur. L'usage de verser une prime doit répondre aux 3 critères suivants :
— constance (depuis plusieurs années) ;
— fixité (13e mois : la méthode de calcul est fixe) ;
— généralité.

Rappel : un usage peut être dénoncé à l'initiative de l'employeur avec préavis et ouverture de nouvelles négociations.

Les avantages en nature doivent figurer sur le bulletin de paie et sont en principe imposables.

B. La fixation du salaire

Le salaire relève de la liberté contractuelle avec l'obligation pour l'employeur de les négocier chaque année au niveau de l'entreprise, de respecter l'égalité de rémunération homme/femme, de verser au moins le Smic ou le salaire minimum conventionnel.

Des clauses de rémunération forfaitaire peuvent figurer dans le contrat de travail.

Ces clauses concernent principalement les cadres.

1) Les catégories de cadre

La loi distingue 3 catégories de cadres :
— les cadres dirigeants : salariés à qui des responsabilités sont confiées et qui sont habilités à prendre des décisions et perçoivent des rémunérations dans les niveaux les plus élevés. Ils ne sont pas soumis à la durée légale du travail ni au régime des heures supplémentaires ;
— les cadres intégrés : salariés dont la qualité de cadre est reconnue par convention collective, la nature de leurs fonctions les conduit à suivre l'horaire collectif et ils sont donc soumis à la durée légale de temps de travail, aux heures supplémentaires... ;
— les cadres intermédiaires : salariés dont la qualité de cadre est reconnue mais qui n'appartiennent à aucune des 2 catégories précédentes : ils peuvent être soumis à un forfait annuel d'heures (sous-section de cadres intermédiaires : les cadres autonomes : forfait annuel en jours).

2) Les conventions de cadre

a) La convention de forfait en heures sur une base hebdomadaire ou mensuelle

Elle est valable si le cadre bénéficie d'un salaire au moins égal à celui qu'il aurait perçu sans application de cette convention (cette convention devant permettre, théoriquement, une réduction du temps de travail). Il doit respecter la durée légale du temps de travail et les règles sur les heures supplémentaires.

b) La convention de forfait en heures sur une base annuelle

Elle nécessite un accord collectif préalable qui devra préciser les modalités principales de cette convention. Le salarié doit donner son accord (matérialisation : convention de forfait conclue avec l'employeur). La modification du forfait s'apparente à une modification du contrat de travail, le forfait ne doit pas être défavorable au salarié et les heures en plus du forfait doivent être rémunérées. Le cadre est soumis à la durée légale du temps de travail (l'employeur devant justifier le nombre d'heures travaillées).

c) La convention de forfait en jours sur une base annuelle

Elle nécessite un accord collectif préalable qui devra préciser les modalités principales de cette convention (catégorie de salariés concernés, modalités de suivi de l'organisation du travail, de décompte des journées). L'accord de chaque cadre est nécessaire. Le maximum légal de jours de travail est fixé à 218 jours (art. L. 3121-44, C. trav.).

REMARQUE : la loi du 20 août 2008 a introduit dans le Code du travail une disposition prévoyant que tout salarié engagé en forfait jours doit bénéficier, chaque année, d'un entretien dont l'objet est d'évoquer « la charge de travail du salarié, l'organisation du travail dans l'entreprise, l'articulation entre l'activité professionnelle et la vie personnelle et familiale, ainsi que la rémunération du salarié ».

La question a été posée aux tribunaux de savoir si cet entretien annuel devait s'appliquer uniquement aux conventions de forfait en jours conclues à partir du 22 août 2008 (date d'entrée en vigueur de la loi du 20 août 2008) ou à toutes les conventions de forfait jours, quelle que soit la date de leur conclusion.

Réponse de la Cour de cassation (Cassation sociale, 12 mars 2014, n° 12-29141) : la tenue d'un entretien annuel visant à évaluer la charge de travail d'un salarié en forfait jours s'applique aussi bien aux conventions de forfait jours conclues à compter du 22 août 2008 qu'à celles conclues avant.

C. Le paiement du salaire

En principe, le paiement se fait sur le lieu de travail (mais en général il est fait par chèque ou virement), éventuellement en espèce jusqu'à 1 500 € au moins une fois par mois (au moins 2 fois par mois pour les ouvriers même mensualisés).

Depuis la publication de la loi 14 juin 2013 relative à la sécurisation de l'emploi, les nouveaux délais de recours et prescription des salariés sont fixés à :

- 3 ans, contre 5 ans auparavant, pour les litiges relatifs au paiement ou rappel des salaires engagés après le 16 juin 2013 ;
- 2 ans, contre 5 ans auparavant, en cas de litiges relatifs à l'exécution ou la rupture du contrat de travail engagés après le 16 juin 2013.

Ces nouveaux délais ne s'appliquent pas si l'action du salarié au Conseil de prud'hommes a été introduite avant la loi du 14 juin 2013.

2 - La participation, l'intéressement et épargne salariale

A. La participation

Elle est obligatoire dans les établissements d'au moins 50 salariés. Le seuil doit être atteint pendant 6 mois au cours de l'exercice comptable.

Un accord est obligatoire (soit accord d'entreprise, soit par référendum avec une majorité des 2/3 du personnel).

Les salariés bénéficiaires sont ceux employés en CDI ou CDD ayant une ancienneté imposée par l'accord sans pouvoir excéder 3 mois.

L'accord de participation doit prévoir un calcul de la réserve spéciale de participation (RSP).

En l'absence d'accord, la formule de calcul de la réserve légale de participation est :

$$R = 1/2\,B - (5\,\%\,C * S / VA)$$

R : Réserve légale de participation

B : Bénéfice net réalisé par l'entreprise

C : Capitaux propres de l'entreprise

S : Salaires versés

VA : Valeur ajoutée

La part de RSP est proportionnelle au salaire avec 2 limites :
- le salaire n'est pris en compte que dans la limite de 4 fois le plafond de la Sécurité sociale ;
- les droits sont bloqués pour 5 ans sauf événement particulier (mariages, décès...) ou 8 ans.

L'accord détermine les modalités de gestion des salariés : SICAV, Actions, souscriptions de parts de fonds communs de placement, versement à un compte que l'entreprise doit réserver à l'investissement.

B. L'intéressement

C'est un système facultatif au bénéfice des salariés et certains dirigeants. Un accord doit être mis en place pour 3 ans au moins. Le montant global des primes d'intéressement doit être inférieur à 20 % du total des salaires bruts versés.

Le montant maximum versé à un salarié ne peut excéder la moitié du plafond de la Sécurité sociale.

Dans les entreprises ou groupes disposant d'un accord d'intéressement et concourant avec d'autres entreprises caractérisées et coordonnées, un accord peut être conclu pour prévoir que les salariés bénéficieront d'un intéressement de projet ouvrant des droits spécifiques.

Les entreprises qui ont conclu un accord d'intéressement et qui viennent d'atteindre le seuil de 50 salariés peuvent convertir cet accord en accord de participation.

C. Les plans d'épargne salariale

La loi impose une négociation annuelle dans l'entreprise et une négociation quinquennale de la branche sur l'épargne salariale.

Il existe 3 dispositifs d'épargne salariale : PEE, PERCO et PEIR (les 2 derniers concernent l'épargne retraite).

Le PEE est un système d'épargne collectif ouvrant aux salariés la faculté de participer avec l'aide de l'entreprise à la constitution d'un portefeuille de valeurs mobilières. Le PEE doit être ratifié par au moins 2/3 du personnel et en profite le personnel ayant l'ancienneté prévue par l'accord.

Il est alimenté par les salariés qui y versent les sommes de participation ou intéressement ou d'autres sommes dans la limite de 1/4 de son salaire.

Il peut être alimenté par abondement de l'entreprise dans la limite de 8 % du plafond de la Sécurité sociale annuel.

REMARQUE : une entreprise qui n'a pas de PEE peut adhérer à un plan d'épargne interentreprises (PEI) créé au niveau d'un groupe d'entreprises ou de branches.

Exercices d'entraînement

Exercice 1

Plusieurs salariés d'un établissement situé à Montauban se plaignent de différences salariales pratiquées par rapport aux salaires d'un établissement situé à Paris. L'employeur justifie ces écarts en raison de la cherté de la vie en région parisienne.
Ces écarts de salaires sont-ils justifiés ?

Exercice 2

Suite à un conflit social, le DRH décide de faire travailler davantage les salariés non-grévistes. Il prévoit 5 heures de travail supplémentaire pour une semaine. Il propose cette charge de travail supplémentaire à :
– deux salariés à temps complet ;
– un salarié à temps partiel ayant un contrat de 24 heures hebdomadaires.
Chaque salarié est soumis à la même rémunération horaire de 10 €.
Préciser le supplément de rémunération pour les salariés concernés.

Test de connaissances

1. Question de cours

Les différentes conventions de cadre

2. Vrai / Faux

1. Le SMIC est une base de calcul du salaire facultative.
   - Vrai
   - Faux

2. Un employeur peut insérer la clause prévoyant que le salaire sera réévalué chaque année dans les mêmes proportions que le SMIC.
   - Vrai
   - Faux

3. Le salaire aux pièces est un salaire au rendement.
   - Vrai
   - Faux

4. Un salarié peut réclamer le paiement de son salaire pendant 10 ans.
   - Vrai
   - Faux

5. La participation aux résultats de l'entreprise est un régime purement facultatif.
   - Vrai
   - Faux

6. L'intéressement est un dispositif d'épargne collective applicable dans toutes les entreprises.
   - Vrai
   - Faux

7. Les fonds bloqués au titre de la participation sont libérés d'impôt au bout de 5 ans.
   - Vrai
   - Faux

8. Le principe « à travail égal, salaire égal » ne s'applique que dans les entreprises de plus de 50 salariés.
   - Vrai
   - Faux

9. La négociation salariale annuelle est obligatoire entre l'employeur et les salariés.
   - Vrai
   - Faux

10. Les cadres relevant d'une convention au forfait « jours » sont soumis aux durées maximales hebdomadaires de travail.
    - Vrai
    - Faux

Cas de synthèse

Arrêt de la Cour de cassation, chambre sociale, du 4 décembre 2007

Sur le moyen unique, qui est recevable :

Vu le principe « à travail égal, salaire égal » et l'article L. 132-8, alinéa 7 (L. 2261-14 du nouveau code du travail) ;

Attendu, selon l'arrêt attaqué, que le 7 novembre 2001, l'ASSEDIC des Bouches-du-Rhône a absorbé l'ASSEDIC Val de Durance pour former l'ASSEDIC Alpes-Provence ; qu'un accord du 30 avril 2002 conclu au sein du nouvel organisme a prévu l'uniformisation des titres restaurant et le maintien, au profit des salariés de l'entreprise absorbée qui en bénéficiaient antérieurement, d'une prime trimestrielle de restauration ; que quatre salariés issus de l'entreprise absorbante ont demandé à bénéficier de cette prime par application du principe « à travail égal, salaire égal » ;

Attendu que pour faire droit aux demandes des salariés, l'arrêt retient que l'accord de substitution viole le principe « à travail égal, salaire égal » ;

Qu'en statuant ainsi, alors que le maintien d'un avantage acquis en cas de mise en cause de l'application d'un accord collectif dans les conditions prévues à l'article L. 132-8, alinéa 7 (L. 2261-14 du nouveau Code du travail), ne méconnaît pas le principe « à travail égal, salaire égal », que ce maintien résulte d'une absence d'accord de substitution ou d'un tel accord, la cour d'appel a violé le principe et le texte susvisé ;

PAR CES MOTIFS :

CASSE ET ANNULE, dans toutes ses dispositions, l'arrêt rendu le 1er juin 2006, entre les parties, par la cour d'appel d'Aix-en-Provence ; remet, en conséquence, la clause et les parties dans l'état où elles se trouvaient avant ledit arrêt et, pour être fait droit, les renvoie devant la cour d'appel de Nîmes ;

NB : L'article L. 132-8, alinéa 7, du Code du travail (L. 2261-14 du nouveau Code du travail) est relatif aux modalités de dénonciation des accords collectifs.

Travail à faire

1. Résumer les faits et la procédure.

2. Rappeler la procédure de dénonciation d'un accord collectif et les conséquences pour les salariés.

3. Quelle précision cet arrêt apporte-t-il sur l'application du principe « à travail égal, salaire égal » ?

10 Sujets d'examen corrigés

Sujet n° 1

L'entreprise Perfect Home, située à Strasbourg, connaît un important développement depuis quelques années, ce qui lui a permis d'étendre son activité à l'ensemble du territoire français. Pour pouvoir répondre rapidement à la demande de ses clients, elle a ouvert plusieurs sites de production dans l'Hexagone.
Judith Dahan, salariée de l'entreprise, est inquiète car elle vient de recevoir un avis officiel du DRH lui annonçant sa prochaine mutation à Bordeaux. Lors de son embauche, elle avait signé sans réserves son contrat de travail, qui contient la clause suivante : « La salariée accepte par avance toute affectation, provisoire ou définitive, à un poste de travail impliquant son transfert dans tout service de notre société ou sa mutation dans l'un quelconque de nos sites ».

1. Qualifier juridiquement la clause prévoyant le transfert de Judith.

2. La clause insérée dans le contrat de travail de Judith est-elle licite ? Justifier.

3. Quelles peuvent être les suites du refus de Judith d'être mutée à Bordeaux ?

La direction de l'entreprise PERFECT HOME prend conscience que les effectifs actuels sont insuffisants pour faire face à une commande exceptionnelle reçue d'un hôtelier rénovant son établissement. Il est envisagé de procéder au recrutement de quelques salariés, en attendant d'organiser éventuellement un allongement de la durée du travail pour l'ensemble du personnel.

4. Le DRH de PERFECT HOME peut-il avoir recours à des contrats à durée déterminée ? Envisager les avantages et les limites de cette solution.

5. Comment la durée du travail pourrait-elle être adaptée aux besoins de l'entreprise ?

6. Existe-t-il des limites et des contraintes liées à l'allongement du temps de travail des salariés ? Justifiez votre réponse.

Sujet n° 2

La société de transports BOUNAUDET est spécialisée dans le fret international en Europe avec une flotte de 150 camions. Elle emploie 180 personnes à Toulouse. La société est prospère compte tenu du savoir-faire logistique qu'elle a acquis depuis de nombreuses années et de la diversité de la clientèle. Récemment, des études conduites par des consultants spécialisés ont fourni à l'entreprise des éléments faisant état de la nécessité de maîtriser certains coûts. À la suite de la réunion du comité de direction sur ce point, M. OLIVIER, président, a décidé de mettre en œuvre les préconisations de cet audit qui supposent, notamment, des changements en termes d'organisation susceptibles d'avoir un impact sur la gestion du personnel.
Mme GOMEZ, directrice des ressources humaines (DRH), a été chargée d'appliquer le volet social des réformes requis par l'audit. Dans ce but, elle a obtenu votre nomination à ses côtés pour la seconder et la conseiller. Elle vous a demandé, en particulier, d'intervenir sur le traitement des dossiers suivants en justifiant vos arguments.
La société souhaite mettre en place un système de géolocalisation (type « GPS ») sur les véhicules de transport afin d'améliorer la gestion des déplacements et de permettre à la direction d'analyser les temps nécessaires en vue d'une optimisation des prestations effectuées (en termes de coût, de délais de livraison, d'itinéraires...).
1. À quelles conditions un dispositif de géolocalisation peut-il être mis en place ?

La DRH souhaiterait également revoir le mode de calcul de la durée du travail des salariés (cadres ou non) qui assument la prospection commerciale pour le compte de la société (recherche de nouveaux clients, suivi des contrats existants...). Cette catégorie de salariés dispose d'une grande autonomie dans l'organisation de son emploi du temps pour l'exercice de ses responsabilités (ces salariés disposent tous d'une voiture de fonction).
Lors de la réunion du comité d'entreprise, les représentants du personnel rapportent les difficultés de ces salariés à mesurer leur temps de travail discontinu et aléatoire. Mme GOMEZ souscrit à l'analyse des représentants du personnel. Elle souligne la lourdeur des procédures de décompte des temps de travail. Elle envisage de mettre en place un système de convention de forfait annuel.
2. Quelles sont les conditions de mise en place d'une convention de forfait annuel ?
3. Quelle convention de forfait annuel conseilleriez-vous à l'entreprise et pour quelles raisons ?

Mme GOMEZ voudrait également résoudre plusieurs dossiers individuels. Elle a souhaité solliciter vos avis.
La société a été avisée que le permis de conduire de l'un de ses chauffeurs, M. MAURICE, a été suspendu. En effet, celui-ci a été arrêté par la police roulant avec son véhicule personnel à 220 km/h et avec 2,5 grammes d'alcool dans le sang. Cette affaire a fait la une du journal télévisé qui n'a pas manqué de souligner les liens entre M. MAURICE et la société BOUNAUDET.
4. Mme GOMEZ envisage de rompre le contrat de M. MAURICE. Qu'en pensez-vous ?

Le président, M. OLIVIER, a fait part récemment de ses soupçons à Mme GOMEZ concernant la loyauté du directeur commercial. À deux reprises, des offres de marché adressées à d'importants clients n'ont pas été retenues. Un client a même laissé entendre à M. OLIVIER certaines allusions qui mettraient en cause le directeur commercial. Il aurait été vu à plusieurs reprises, déjeunant à l'Hôtel du Commerce avec un concurrent.
Mme GOMEZ souhaite tirer au clair cette situation. On lui a proposé de mettre en place une filature du directeur commercial ou de recourir à un huissier pour constater les échanges entre ce salarié et la concurrence.
5. Ces moyens de preuve sont-ils recevables devant le Conseil de prud'hommes ?

Cahier des corrigés

1 Les sources et l'application des règles du droit du travail

Corrigés des exercices d'entraînement

Corrigé de l'exercice 1

Un usage est un avantage habituellement accordé dans l'entreprise qui satisfait 3 conditions :
- l'usage doit correspondre à une condition de généralité : il est accordé à tous les salariés ou à une catégorie d'entre eux ;
- il se répète dans le temps (condition de constance) et répond à une condition de fixité, c'est-à-dire que les modalités d'attribution de cet avantage sont déterminées.

L'employeur est tenu par cet usage mais peut le dénoncer, en respectant un délai de prévenance et en ouvrant de nouvelles négociations.

En l'espèce, le versement de la prime correspond à un usage puisqu'il présente les conditions :
- de généralité : elle est accordée à tous les salariés de l'entreprise ;
- de fixité : la prime représente un mois de salaire ;
- de constance : la prime est versée depuis 2004.

L'employeur peut renoncer au versement de cette prime à condition de respecter les règles de dénonciation d'un usage.

Corrigé de l'exercice 2

La durée du congé de paternité et d'accueil de l'enfant est fixée à :
- 11 jours calendaires consécutifs en cas de naissance unique ;
- 18 jours calendaires consécutifs en cas de naissances multiples.

Le bénéficiaire peut prendre moins de 11 jours de congé (ou moins de 18 jours en cas de naissances multiples) s'il le souhaite.

Le congé peut succéder au congé de naissance de 3 jours ou être pris séparément.

En l'espèce, Paul est parent de jumeaux. Il a droit au congé de paternité pour naissances multiples, à savoir 18 jours.

Toutefois, la convention collective prévoit une disposition plus favorable au salarié. Paul peut bénéficier d'un congé de paternité d'une durée égale à 24 jours auquel s'ajoute le congé de naissance de 3 jours.

Corrigés du test de connaissances

Corrigé de la question de cours

L'usage est une pratique régulière suivie dans une entreprise, qui consiste à octroyer un avantage déterminé aux salariés (ex. : prime, jours de congés supplémentaires, etc.).

Caractéristiques : une pratique n'acquiert la valeur d'un usage que si elle répond aux trois critères suivants :
— constance : la notion de constance implique que l'avantage est accordé régulièrement (ex. : une prime de fin d'année est effectivement accordée chaque année sans exception, avec la paie de décembre) ;
— généralité : pour qu'un avantage soit considéré comme un usage, il faut en outre qu'il soit accordé à tous les salariés de l'entreprise ou à tous les membres d'une catégorie déterminée du personnel ;
— fixité : il n'y a usage que si l'employeur accorde l'avantage en fonction de critères précis qui ne changent pas.

Procédure de dénonciation : l'employeur peut décider seul de mettre fin à un usage. La procédure à respecter s'articule autour de trois principes :
— information des représentants du personnel ;
— information par écrit de chaque salarié effectivement ou potentiellement concerné ;
— respect d'un délai de prévenance suffisant pour permettre d'éventuelles négociations.

Corrigé du vrai/faux

1 - Bonne réponse : vrai

2 - Bonne réponse : vrai

3 - Bonne réponse : faux

Certains accords dits « dérogatoires » peuvent édicter des règles moins favorables que les règles légales.

4 - Bonne réponse : faux

Les règles d'ordre public ne peuvent pas être écartées par le contrat de travail.

5 - Bonne réponse : vrai

6 - Bonne réponse : vrai

7 - Bonne réponse : faux

8 - Bonne réponse : vrai

9 - Bonne réponse : vrai

10 - Bonne réponse : vrai

Corrigé du cas de synthèse

La réglementation en matière de consommation de tabac résulte principalement de la loi Évin de 1991 et de son décret d'application de 2006. Aucune autre source du droit hiérarchiquement inférieure ne peut comporter de dispositions contraires à ces textes. En conséquence, ni une convention collective, ni un accord collectif, ni le règlement intérieur de l'entreprise ne peuvent autoriser les salariés à fumer dans une entreprise puisque la loi Évin et son décret l'interdisent.

En l'espèce, le règlement intérieur est en infraction avec la loi Évin et son décret d'application. Toutefois, des emplacements réservés aux fumeurs peuvent être créés avec l'avis du CHSCT et dans des conditions bien délimitées.

2 La formation du contrat de travail

Corrigés des exercices d'entraînement

Corrigé de l'exercice 1

1. Le test est un procédé de sélection destiné à vérifier (rapidement) les aptitudes techniques du candidat. Le salarié n'est pas placé au cours du test dans les conditions normales d'emploi.

L'essai permet l'appréciation des qualités du salarié. Pendant cette période, l'employeur teste l'aptitude du salarié, le salarié apprécie l'intérêt de l'emploi. C'est une période de travail. Le salarié est placé dans les conditions normales d'emploi.

Pendant toute la période, M. BARBEAU a travaillé aux jours d'ouverture de l'entreprise, seul : hors la présence de M. GUMUS qui était chargé d'apprécier son travail le jour du test.

On peut en déduire que, dès le 1er juillet, M. BARBEAU a été placé dans les conditions normales d'emploi et, que par conséquent, l'essai a débuté depuis cette date. M. BARBEAU peut donc demander au Conseil de prud'hommes une requalification de la période considérée par l'employeur comme une période de test en période d'essai.

2. Le renouvellement de l'essai n'est possible que si le salarié donne son accord, le renouvellement ne doit pas être abusif, la durée maximale prévue par la convention ne doit pas être dépassée.

Que le premier mois d'essai se soit déroulé du 1er au 31 juillet ou du 1er au 30 août, la rupture intervient hors délai puisque M. BARBEAU n'a jamais été consulté sur le renouvellement de l'essai.

La rupture intervenue le 28 septembre n'est pas celle de l'essai mais du CDI. Elle doit être fondée sur une cause réelle et sérieuse et doit respecter la procédure de licenciement individuel.

M. BARBEAU peut donc demander au tribunal des indemnités pour licenciement irrégulier (non-respect de la procédure) et sans cause réelle et sérieuse.

Corrigé de l'exercice 2

La clause de non-concurrence est une disposition du contrat de travail par laquelle l'employeur interdit au salarié, à la fin de son contrat de travail, de s'établir dans une activité concurrente pour son compte ou au service d'une entreprise concurrente.

Pour être valable, cette clause doit remplir cinq conditions qui sont cumulatives :
- elle doit être indispensable à la protection des intérêts légitimes de l'entreprise ;
- elle ne doit pas porter atteinte à la liberté du commerce et de l'industrie. Elle doit donc être limitée dans le temps, l'espace et quant à l'activité ;
- elle doit tenir compte des spécificités de l'emploi du salarié ;
- elle doit être assortie d'une contrepartie financière.

En l'absence de l'une de ces conditions, la clause serait nulle.

La clause prévue au contrat de M. DAUMAS est limitée dans le temps : 2 ans ; dans l'espace : le département ; l'activité : construction, rénovation, vente d'immeubles. Il s'agit d'un cadre en contact avec une clientèle avec risque de perte de la clientèle. Sur ces points, la clause semble valable.

Cependant, la contrepartie financière est une condition de validité de la clause. Elle n'est pas précisée au contrat. En l'absence, M. DAUMAS n'est pas tenu de respecter cette clause de non-concurrence. Elle ne semble pas valable.

Corrigés du test de connaissances

Corrigé de la question de cours

La période d'essai permet pour l'employeur de tester les aptitudes du salarié à occuper le poste et pour celui-ci d'apprécier l'intérêt du travail.

Pendant la période d'essai, chacune des parties peut rompre unilatéralement ses engagements sans motif, indemnité, préavis ni procédure.

La période d'essai et son renouvellement ne se présument pas : elle doit figurer dans le contrat de travail et/ou la convention collective : lorsqu'elle est imposée (avec une durée fixée) par la convention collective sans pour autant être reprise dans le contrat, elle ne s'appliquera que si le salarié en a pris connaissance.

Dans certains cas, la rupture pendant la période d'essai est abusive et ouvre droit à des dommages et intérêts pour le salarié :
- cause étrangère à l'essai : le salarié parvient à démontrer que la rupture est due à un fait sans relation avec l'essai ;
- fraude à la loi : il existe des situations ou l'employeur se sert d'un CDI avec essai pour contourner la loi ;
- l'employeur peut avoir agi avec une légèreté blâmable (louange du travail du salarié qui de son côté a engagé des dépenses pensant qu'il était engagé définitivement : dommages et intérêts).

La durée de la période d'essai n'est pas posée par la loi, toutefois les conventions collectives peuvent prévoir des durées minimum ou maximum, voire imposer des durées ; le contrat de travail ne peut pas prévoir alors de durée supérieure aux limites conventionnelles (lorsque la convention impose une durée d'essai, le contrat de travail peut prévoir une durée plus faible, voire même pas de période d'essai) ; dans tous les cas, la durée de la période d'essai (renouvellement compris) ne doit pas être anormalement longue (appréciation au cas par cas par les tribunaux).

Le renouvellement ne se présume pas, il doit figurer dans le contrat de travail ou dans la convention collective (le salarié doit en avoir pris connaissance) : lorsque l'employeur entend user de la faculté de renouvellement, il doit en informer le salarié avant le terme de la première période, qui doit accepter. La durée de la période d'essai, renouvellement compris, doit être conforme à la durée maximale posée par la convention collective.

Lorsque le salarié tombe malade ou a un accident de travail durant la période d'essai, celle-ci est décalée du temps de l'arrêt.

Lorsque le salarié a déjà conclu un CDD, la durée de celui-ci s'impute sur la période d'essai du CDI qu'on lui a proposé (s'il s'agit de la même tâche).

Corrigé du vrai/faux

1 - Bonne réponse : faux

En l'absence de définition légale, c'est la jurisprudence qui a défini le contrat de travail.

2 - Bonne réponse : vrai

3 - Bonne réponse : vrai

4 - Bonne réponse : vrai

5 - Bonne réponse : vrai

6 - Bonne réponse : faux

Il n'est pas absolument libre puisqu'il ne doit pas retenir comme critères de sélection des paramètres qui sont illicites du fait de leur caractère discriminatoire.

7 - Bonne réponse : faux

Elle protège l'employeur. C'est une contrainte pour le salarié.

8 - Bonne réponse : faux

9 - Bonne réponse : faux

10 - Bonne réponse : faux

Corrigé du cas de synthèse

1. L'affaire a été portée devant le Conseil de prud'hommes puis l'employeur a fait un pourvoi en cassation. La cour d'appel n'a pas été saisie car le montant de la demande devant les prud'hommes était inférieur au seuil (4 000 € > en 2009) de recevabilité de l'appel.

2. La clause doit préciser les dates, nature, durée et coût réel de la formation qui doit dépasser les dépenses imposées par la loi, ainsi que le montant et les modalités du remboursement à la charge du salarié. La clause permet à l'employeur de s'assurer de la présence du salarié formé pour une certaine durée ou à défaut d'amortir les frais engagés.

3. L'employeur doit veiller au contenu de la clause et doit faire signer celle-ci au salarié impérativement avant le début de la formation sous peine de ne pas pouvoir réclamer l'application de la clause.

Corrigé des exercices d'entraînement

Corrigé de l'exercice 1

1. Un CDD ne peut pas être rompu avant le terme ou la fin de la période minimale sauf accord des parties, faute grave, force majeure ou embauche du salarié en CDI.

En l'espèce, M. LEBRUN justifie d'un CDI chez un autre employeur. Il peut rompre son contrat avant la fin de la période minimale.

2. Le salarié doit respecter un préavis d'un jour par semaine de travail effectif dans la limite de deux semaines, sauf accord des parties.

En l'espèce, il y a dix semaines de travail (entre le 1er juillet et le 15 septembre) ; le salarié devra donc effectuer dix jours de préavis. Seule une dispense de l'employeur pourrait lui permettre de quitter l'entreprise le 18 septembre.

L'employeur ne peut pas s'opposer au départ du salarié le 18 septembre, mais il peut lui demander des dommages et intérêts à hauteur du préjudice subi, du fait du non-respect du préavis.

Corrigé de l'exercice 2

1. Lorsqu'une entreprise a besoin rapidement et pour une courte période d'un ou de plusieurs salariés, elle fait appel à une entreprise de travail temporaire (agence intérim) qui lui met à disposition, pour une durée précise, un salarié répondant à la qualification demandée.

Deux contrats sont formés :
- un contrat de mise à disposition entre l'entreprise utilisatrice et l'agence intérim, qui est un contrat de vente de service ;

— un contrat de mission entre l'agence intérim et l'intérimaire, qui est un contrat de travail.

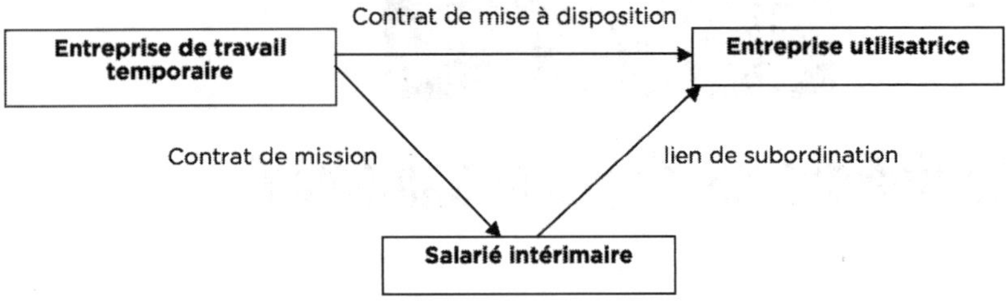

Les motifs de recours sont les suivants :
— le remplacement d'un salarié absent ;
— une hausse temporaire de l'activité de l'entreprise ;
— les travaux saisonniers.

2. L'entreprise utilisatrice exerce le pouvoir de direction et de contrôle du déroulement de la mission.

Mme HEIDFELD bénéficie des mêmes droits et avantages que les salariés de l'entreprise.

3. Le contrat de travail temporaire ne peut avoir pour objet ou pour effet de pourvoir un emploi durable et permanent de l'entreprise lié à l'activité normale de l'entreprise.

En l'espèce, il semblerait que la société NAUDET ne respecte pas la législation.

Corrigés du test de connaissances

Corrigé de la question de cours

Un CDD ne peut avoir ni pour objet ni effet de pourvoir durablement un emploi lié à l'activité normale de l'entreprise, sinon il y a présomption irréfragable de CDI.

Motifs de recours :

Un CDD peut être conclu dans 3 cas :
- remplacement d'un salarié : le recours au CDD s'effectue pour remplacer un salarié absent, pour remplacer un salarié dont le départ est définitif et dans l'attente de supprimer son poste ou dans l'attente de l'entrée définitive d'un salarié en CDI ;
- accroissement temporaire d'activité ;
- emplois saisonniers ou emplois temporaires par nature, c'est-à-dire qui relèvent de secteurs d'activités définis pour lesquels il est d'usage de ne pas recourir au CDI.

Durée du contrat :

- CDD conclu avec terme précis : la durée ne peut excéder 18 mois (renouvellement compris). Cette durée est réduite à 9 mois dans l'attente d'un salarié en CDI ou lorsqu'il s'agit de la réalisation de travaux urgents (mesure de sécurité). La durée est portée à 24 mois si le contrat est exécuté à l'étranger, ou s'il s'agit du départ définitif d'un salarié précédant la suppression du poste ou dans le cas d'une commande exceptionnelle à l'export (dans ce cas, le CDD ne peut pas être inférieur à 6 mois) ;
- CDD conclu avec terme imprécis : la durée n'est pas limitée dans le temps mais le contrat peut indiquer une durée minimum d'emploi.

Renouvellement du contrat :

Le contrat ne peut être renouvelé qu'une fois (le CDD et son renouvellement ne devant pas excéder 18 mois). Au-delà des durées maximales, il existe une présomption irréfragable de CDI.

Succession de contrats :

En principe, le Code du travail interdit les successions de CDD. Toutefois, un poste occupé en CDD ne peut être occupé à nouveau avant un délai d'attente égal au tiers de la durée du CDD précédent (renouvellement compris s'il y a lieu).

Aucun délai n'est imposé en cas de travaux urgents pour des mesures de sécurité, d'emplois saisonniers ou temporaires par nature, ou remplacement de salarié si celui-ci s'absente à nouveau.

Corrigé du vrai/faux

1 - Bonne réponse : vrai

2 - Bonne réponse : vrai

3 - Bonne réponse : vrai

4 - Bonne réponse : vrai

Le Conseil de prud'hommes juge les différends qui peuvent s'élever à l'occasion de tout contrat de travail, entre les employeurs et les salariés qu'ils emploient. Il juge également les différends nés entre salariés à l'occasion du travail. La formulation retenue par le Code du travail, à savoir que la compétence prud'homale s'étend à tout litige né « à l'occasion de tout contrat de travail », invite à une application extensive du texte et à l'appliquer aussi à la phase précontractuelle.

5 - Bonne réponse : vrai

La discrimination raciale, syndicale, sexiste ou autre discrimination illicite est sanctionnée par le Code du travail et vise notamment les procédures de recrutement. Ainsi, selon la Cour de cassation, le litige relatif à une prétendue discrimination raciale « à l'embauche » relève de la compétence du Conseil de prud'hommes, même en l'absence de conclusion d'un contrat de travail.

6 - Bonne réponse : vrai

7 - Bonne réponse : vrai

8 - Bonne réponse : vrai

9 - Bonne réponse : vrai

10 - Bonne réponse : vrai

Corrigé du cas de synthèse

1. Il s'agit d'un contrat à durée déterminée conclu pour une durée de 6 mois.

2. La période d'essai ne pourra pas excéder 15 jours. Elle consiste, pour l'employeur, à tester l'aptitude du salarié à occuper le poste de travail et pour le salarié à apprécier l'intérêt du travail proposé.

3. L'employeur peut recourir au contrat à durée déterminée pour remplacer un salarié absent ou en cas d'emploi saisonnier.

Article 1	Cas de recours : l'accroissement temporaire d'activité. Le cas de recours au CDD est valable.
Article 2	Durée du contrat : 6 mois. Le CDD comporte un terme précis. La durée n'excède pas 18 mois. Cet article est donc valable.
Article 4	Conditions de forme : CDD obligatoirement écrit avec des mentions obligatoires : en l'espèce, la rémunération est mentionnée. Indemnité de fin de contrat : le salarié percevra une indemnité de fin de contrat égale à 10 % des rémunérations brutes perçues pendant la durée du travail.

Conclusion : ce contrat à durée déterminée est valable.

4 La vie au travail

Corrigé des exercices d'entraînement

Corrigé de l'exercice 1

1. La maladie justifiée en temps utile par le salarié entraîne la suspension et non la rupture du contrat de travail. Néanmoins, pour que la maladie soit une cause de suspension, le salarié doit respecter certaines obligations :

— avertir son employeur et justifier l'absence par la remise d'un certificat médical d'arrêt de travail dans les 48 heures ou dans le délai fixé par les conventions ;
— se soumettre à la contre-visite médicale éventuelle à l'initiative de l'employeur (afin de ne pas perdre le bénéfice de l'indemnisation complémentaire) ;
— respecter son obligation de loyauté, c'est-à-dire ne pas exercer une activité concurrente.

M. DEDIEU a respecté ses obligations vis-à-vis de son employeur puisqu'il a notamment transmis immédiatement le certificat médical. M. DEDIEU, durant son arrêt maladie, passe un diplôme sportif sans lien avec son activité professionnelle et qui relève de sa vie privée. Il respecte donc son obligation de loyauté.

2. La maladie étant une cause de suspension du contrat de travail, le salarié ne perçoit pas son salaire. Il peut prétendre aux prestations sociales suivantes :

— des prestations en nature (remboursement des frais) ;
— des prestations en espèces (indemnités journalières, d'un montant égal à 50 % du gain journalier de base dans la limite du plafond de Sécurité sociale, après un délai de carence de 3 jours).

M. DEDIEU a obtenu son examen d'arbitre de basket. Il arbitre des matchs deux fois par semaine et se tient très régulièrement en forme. Son état de santé ne s'améliore pas. Des examens ont révélé une sciatique par hernie discale. M. DEDIEU envisage des démarches visant à établir l'origine professionnelle de son problème.

3. Est présumée d'origine professionnelle, toute maladie inscrite dans l'un des tableaux de maladies professionnelles et contractées dans les conditions mentionnées dans le tableau concerné.

Peut être également reconnue d'origine professionnelle une maladie non désignée dans un tableau de maladies professionnelles lorsqu'il est établi qu'elle est essentiellement et directement causée par le travail habituel de la victime.

Corrigé de l'exercice 2

Le salarié gréviste reste assuré social. Du fait de la suspension du contrat de travail, il n'est pas couvert pour les risques professionnels, notamment accident du travail et accident de trajet.

En l'espèce, M. GÉRARD ne sera pas couvert pour son accident de trajet mais bénéficiera de la couverture maladie (prestations en nature et prestations en espèce).

Corrigé du test de connaissances

Corrigé de la question de cours

Les heures supplémentaires se calculent par semaine civile, à partir de la 36e heure. Quelle que soit la taille de l'entreprise, à défaut d'accord dérogatoire, elles sont majorées de 25 % pour les 8 premières et de 50 % au-delà.

L'accord dérogatoire peut prévoir une majoration minimale de 10 %.

Un contingent d'heures supplémentaires est fixé par accord de branche ou d'entreprise, à défaut l'entreprise doit appliquer le contingent réglementaire fixé à 220 heures par salarié et par an, 130 heures en cas d'accord de modulation.

Au-delà du contingent, les heures supplémentaires doivent être autorisées par l'inspecteur du travail.

Il existe deux formes de repos compensateur : le repos compensateur de remplacement et le repos compensateur obligatoire.

Le paiement des heures supplémentaires peut être remplacé en tout ou partie par un repos compensateur de remplacement si un accord de branche étendu ou accord d'entreprise le prévoit.

Le repos compensateur obligatoire varie selon la taille de l'entreprise et le nombre d'heures supplémentaires effectuées.

Pour les entreprises de plus de 20 salariés, dans la limite du contingent d'heures supplémentaires conventionnel (à défaut 220 heures supplémentaires par an), les salariés ont droit à 30 minutes de repos compensateur par heure supplémentaire à partir de la 42e heure hebdomadaire. Au-delà du contingent, chaque heure supplémentaire donne droit à une heure de repos compensateur.

Pour les entreprises de 20 salariés au plus, il n'y a pas de repos compensateur dans le cadre du contingent d'heures supplémentaires. Au-delà du contingent, chaque heure supplémentaire donne droit à 30 minutes de repos compensateur.

Corrigé du vrai/faux

1 - Bonne réponse : faux

Il s'agit là de la durée légale, qui peut être dépassée par l'accomplissement des heures supplémentaires.

2 - Bonne réponse : vrai

3 - Bonne réponse : faux

La loi détermine des durées maximales de la période d'essai.

4 - Bonne réponse : vrai

Obligation d'effectuer le travail et obligation de respecter le règlement intérieur.

5 - Bonne réponse : vrai

6 - Bonne réponse : faux

7 - Bonne réponse : vrai

8 - Bonne réponse : vrai

9 - Bonne réponse : vrai

10 - Bonne réponse : vrai

Corrigé du cas de synthèse

1. L'employeur a licencié une salariée enceinte pour faute grave, sans caractériser l'absence de lien entre la faute grave et l'état de grossesse. La Cour de cassation casse et annule l'arrêt rendu par la cour d'appel.

2. La femme enceinte bénéficie des protections suivantes :

— protection contre le licenciement ;
— congé de maternité ;
— report des congés payés ;
— égalité de traitement avec les autres salariés ;
— absence de discrimination ;
— aménagement du poste de travail et du temps de travail (travail de nuit) ;
— pas de préavis en cas de démission.

5 Le pouvoir du chef d'entreprise

Corrigé des exercices d'entraînement

Corrigé de l'exercice 1

La mise à pied (interdiction faite au salarié de se présenter dans l'entreprise avec suppression de salaire pour la période concernée) ayant une incidence sur la présence du salarié et sa rémunération, l'employeur doit suivre la procédure prévue par la loi, à savoir :

- dans les 2 mois des faits reprochés au salarié, le convoquer à l'entretien par lettre recommandée ou lettre remise en main propre contre décharge. La lettre doit indiquer l'objet, la date, l'heure, le lieu de l'entretien. Elle doit préciser également au salarié qu'il peut se faire assister par une personne de son choix appartenant à l'entreprise ;
- l'entretien ;
- la notification de la sanction dans les mêmes formes que la convocation ;
- l'application de la sanction au plus tôt un jour franc après l'entretien, au plus tard 1 mois après l'entretien.

Corrigé de l'exercice 2

1. La faute grave est une faute d'une gravité exceptionnelle ne permettant pas le maintien du salarié dans l'entreprise. La faute lourde implique de plus l'intention de nuire.

Les restrictions à la liberté d'expression et de se vêtir doivent être justifiées par la nature des tâches à accomplir et proportionnées au but recherché.

L'abus du droit d'expression justifie un licenciement pour faute grave.

En l'espèce, l'envoi de photos de salariés en maillot de bain constitue un dénigrement de l'employeur diffusé à l'extérieur de l'entreprise. Il y a faute grave. La faute lourde ne peut pas être retenue en raison de l'absence de l'intention de nuire.

2. La mise à pied peut être disciplinaire ou conservatoire. La mise à pied est conservatoire lorsque la faute grave (ou lourde) du salarié nécessite que celui-ci soit immédiatement écarté de l'entreprise pendant la procédure disciplinaire.

En ce qui concerne les délégués du personnel qui sont des salariés protégés, la mise à pied conservatoire immédiate est possible sans procédure préalable.

En l'espèce, la mise à pied immédiate est possible pour les quatre salariés compte tenu de la faute grave (abus de droit) qu'ils ont commise.

Corrigé du test de connaissances

Corrigé de la question de cours

Le règlement intérieur est un document écrit par l'employeur et visé par l'inspecteur du travail. Il est obligatoire dans les entreprises de 20 salariés. Il fixe les règles de fonctionnement de l'entreprise. Il contient les règles relatives à :
– l'organisation du travail ;
– les règles d'hygiène et de sécurité ;
– les règles relatives à la discipline ;
– les garanties et les droits en cas de sanctions.

Il doit être affiché dans l'entreprise pour que les salariés puissent en prendre connaissance.

Corrigé du vrai/faux

1 - Bonne réponse : faux

C'est le pouvoir disciplinaire du chef d'entreprise qui lui permet de prononcer des sanctions, le pouvoir de direction représentant sa possibilité d'organiser le travail et les conditions de fonctionnement de l'entreprise.

2 - Bonne réponse : vrai

3 - Bonne réponse : vrai

4 - Bonne réponse : vrai

5 - Bonne réponse : faux

L'employeur doit respecter la vie privée du salarié en s'interdisant de la contrôler.

6 - Bonne réponse : vrai

7 - Bonne réponse : vrai

8 - Bonne réponse : vrai

9 - Bonne réponse : vrai

10 - Bonne réponse : faux

Corrigé du cas de synthèse

L'employeur est tenu de respecter l'échelle des sanctions contenues dans le règlement intérieur. La sanction doit être proportionnée à la faute commise : avertissement oral, avertissement écrit, blâme, mise à pied, rétrogradation, mutation, licenciement pour faute (réelle, grave ou lourde selon la nature de la faute).

Les sanctions pécuniaires sont interdites.

Le degré de la faute est à l'appréciation de l'employeur. En cas de désaccord sur la nature et l'importance de la faute, le salarié pourra saisir le Conseil de prud'hommes.

L'employeur doit respecter la procédure relative aux sanctions disciplinaires.

En l'espèce, la mise à pied d'un jour est une sanction justifiée. La procédure a été respectée car moins de deux mois se sont écoulés entre la connaissance de la faute (le 20 mars) et la convocation le 12 avril.

La notification le 9 mai intervient moins d'un mois après l'entretien du 24 avril.

La date d'exécution de la sanction importe peu.

En revanche, la sanction pécuniaire concernant David est interdite.

La perte d'emploi

Corrigé des exercices d'entraînement

Corrigé de l'exercice 1

La rupture conventionnelle résulte d'une convention signée par les parties reposant sur leur liberté de consentement. Il s'agit d'un mode de rupture distinct de la démission ou du licenciement.

L'employeur et chaque salarié doivent convenir d'une rupture conventionnelle au cours d'un ou plusieurs entretiens au cours desquels le salarié peut se faire assister de la même façon que lors d'un entretien préalable à un licenciement.

L'accord doit définir les conditions de la rupture, et notamment le montant de l'indemnité de rupture versée au salarié qui ne peut pas être inférieure à l'indemnité de licenciement qu'aurait reçue le salarié. La validité de la convention de rupture est subordonnée à son homologation par l'administration du travail.

À compter de la réception de la demande d'homologation, la DIRECCTE dispose d'un délai de 15 jours ouvrables pour instruire la demande. Si aucune réponse n'est notifiée de sa part dans ce délai, l'homologation est réputée acquise et le contrat de travail est rompu.

Le gérant peut proposer ce mode de rupture du contrat aux salariés et devra respecter la procédure.

Corrigé de l'exercice 2

1. Un salarié peut prendre acte de la rupture de son contrat de travail aux torts de l'employeur si celui-ci n'exécute pas ses obligations envers le salarié.

La portée juridique du courrier de Mme HIDALGO est donc la rupture de son contrat de travail.

2. Lorsqu'un salarié agit de la sorte en raison de faits qu'il reproche à son employeur, cette rupture produit les effets soit d'un licenciement sans cause réelle et sérieuse si les faits invoqués le justifient, soit d'une démission dans le cas contraire.

Dans le cas d'espèce, les torts de l'employeur sont manifestes. Se refusant à faire appliquer dans son établissement la loi anti-tabac alors qu'une salariée en a réclamé l'application, il est responsable de cette rupture qu'il a rendue inévitable. En effet, l'employeur est tenu d'une obligation de résultat en matière d'hygiène et de sécurité.

L'application de la loi anti-tabac dans l'entreprise est obligatoire.

Mme HIDALGO obtiendra donc une indemnisation correspondant à celle prévue en cas de licenciement sans cause réelle et sérieuse car son acte ne peut s'interpréter ici comme constitutif d'une démission.

Elle percevra donc les indemnités du licenciement sans cause réelle et sérieuse, l'indemnité de préavis, l'indemnité légale de licenciement et l'indemnité de congés payés éventuellement.

Corrigé du test de connaissances

Corrigé de la question de cours

Constitue un licenciement pour motif économique celui qui est effectué par un employeur pour un ou plusieurs motifs non inhérents à la personne du salarié, résultant :
— d'une suppression ou d'une transformation d'emploi ;
— ou d'une modification, refusée par le salarié, d'un élément essentiel du contrat de travail ; consécutives notamment à des difficultés économiques ou à des mutations technologiques.

Il faut ajouter à cette liste les motifs économiques jurisprudentiels :
— la réorganisation de l'entreprise nécessaire à la sauvegarde de sa compétitivité ;
— la cessation d'activité de l'entreprise.

Corrigé du vrai/faux

1 - Bonne réponse : faux

C'est un droit réservé au salarié en CDI.

2 - Bonne réponse : vrai

3 - Bonne réponse : vrai

4 - Bonne réponse : vrai

5 - Bonne réponse : faux

Le salarié licencié pour faute grave ou lourde n'a pas droit à un préavis.

6 - Bonne réponse : faux

Le licenciement pour motif personnel peut être justifié par des faits non fautifs (comme l'inaptitude professionnelle du salarié).

7 - Bonne réponse : faux

La jurisprudence complète les cas cités par le Code du travail en admettant le licenciement économique pour sauvegarder la compétitivité de l'entreprise.

8 - Bonne réponse : vrai

9 - Bonne réponse : faux

10 - Bonne réponse : faux

Corrigé du cas de synthèse

1. Parmi les différents modes de rupture, on peut retenir le licenciement, à l'initiative de l'employeur, pour un motif inhérent à la personne du salarié (licenciement pour motif personnel), sachant que tout licenciement doit être motivé et justifié par une cause réelle et sérieuse.

Lorsque le licenciement repose sur une faute, il est qualifié de licenciement disciplinaire.

Les retards répétés de M. STEPHANE ainsi que les erreurs dues à sa négligence sont constitutifs d'une faute et justifient un licenciement.

2. L'employeur qui souhaite sanctionner un salarié en raison de faits qu'il considère comme fautifs doit respecter une procédure disciplinaire prévue par le Code du travail.

Il dispose d'un délai de deux mois à compter du moment où il a eu connaissance de la faute pour engager la procédure ; au-delà de ce délai, la faute est prescrite.

Les principales étapes de la procédure sont :

– la convocation du salarié à un entretien préalable par LRAR ou remise en main propre contre décharge. Cette lettre doit préciser l'objet de la convocation, la sanction envisagée, la date, l'heure et le lieu de l'entretien ainsi que la possibilité pour le salarié de se faire assister par une personne de son choix appartenant au personnel de l'entreprise ou, en l'absence de représentants du personnel, par une personne extérieure (choisie sur une liste préfectorale ou municipale) lorsqu'un licenciement disciplinaire est envisagé ;
– l'entretien préalable dans un délai minimal de 5 jours à compter de la convocation, au cours duquel l'employeur indique le motif de la sanction envisagée et recueille les explications du salarié ;
– la notification de la sanction par lettre remise en main propre ou contre décharge ou LRAR. Cette lettre motivée doit être envoyée au plus tôt 2 jours ouvrables après l'entretien et au plus tard dans un délai d'un mois.

M. STEPHANE sera licencié pour faute qui pourrait être qualifiée de faute grave par son employeur. Celui-ci devra respecter cette procédure disciplinaire ainsi que les délais.

7 Les institutions représentatives du personnel

Corrigé des exercices d'entraînement

Corrigé de l'exercice 1

Le Comité d'entreprise est obligatoire lorsque l'entreprise a employé au moins 50 salariés pendant 12 mois consécutifs ou non au cours des trois années précédentes. Facultatif dans les autres cas, il est créé par convention ou accord collectif.

Il est mis en place par l'employeur de sa propre initiative ou à la demande de tout salarié de l'entreprise ou d'un syndicat représentatif.

Il est composé du chef d'entreprise ou de son représentant, d'une délégation élue du personnel et du représentant syndical.

L'entreprise compte 59 salariés sous contrat à durée indéterminée. Le minimum requis (50) est donc dépassé. Si l'entreprise a atteint 50 salariés pendant 12 mois au cours des 3 années qui précèdent la date des élections, le Comité d'entreprise est obligatoire. L'employeur devra organiser l'élection de représentants du personnel au Comité d'entreprise. Seuls les syndicats représentatifs peuvent présenter des candidats au premier tour. S'il y a dans l'entreprise un délégué syndical, il sera de droit représentant syndical au Comité d'entreprise (entreprise de moins de 300 salariés).

Corrigé de l'exercice 2

1. La désignation d'un délégué syndical s'impose à l'employeur lorsque l'effectif d'au moins 50 salariés a été atteint pendant 12 mois, consécutifs ou non, au cours des 3 années précédentes.

Dans les entreprises de moins de 50 salariés, les syndicats représentatifs peuvent désigner un délégué du personnel comme délégué syndical.

La mise en place de délégués du personnel est obligatoire si l'effectif d'au moins 11 salariés a été atteint pendant 12 mois, consécutifs ou non, au cours des 3 années précédentes.

En l'espèce, avant le rachat des salles de Marseille, la société FITNESS HANGAR employait 25 salariés dont un délégué syndical. L'effectif de onze salariés étant dépassé, un délégué du personnel a été mis en place et a pu être désigné délégué syndical par un syndicat représentatif.

2. L'organisation des élections au Comité d'entreprise est obligatoire lorsque l'effectif d'au moins 50 salariés a été atteint pendant 12 mois, consécutifs ou non, au cours des 3 années précédentes.

L'effectif est calculé en tenant compte, notamment, des salariés en CDI à temps plein, des salariés à temps partiel proportionnellement à leur durée de travail par rapport à la durée légale ou conventionnelle, des salariés en CDD et des travailleurs temporaires, au prorata de leur temps de présence au cours des 12 mois précédents, sauf s'ils remplacent un salarié absent.

En l'espèce, après le rachat des salles de Marseille en mars 2013, la société FITNESS HANGAR emploie 54 salariés. La plupart des salariés étant à temps partiel, le décompte de l'effectif n'atteint sans doute pas 50.

De plus, indépendamment du calcul de l'effectif, le seuil de 50 n'a pas encore été atteint durant 12 mois en janvier 2014.

Corrigé du test de connaissances

Corrigé de la question de cours

La représentativité des syndicats a été modifiée par la loi du 20 août 2008.

Elle doit être déterminée au regard des 7 critères cumulatifs suivants :
- le respect des valeurs républicaines ;
- l'indépendance ;
- la transparence financière ;
- l'ancienneté minimale de 2 ans dans le champ professionnel et géographique couvrant le niveau de négociation. Cette ancienneté s'apprécie à compter du dépôt des statuts ;
- l'audience établie selon les niveaux de négociation. Les syndicats doivent à cet égard avoir recueilli au moins 10 % des suffrages exprimés au 1er tour des dernières élections des titulaires au Comité d'entreprise ou à la délégation unique du personnel ou, à défaut, des délégués du personnel, quel que soit le nombre de votants ;
- l'influence, prioritairement caractérisée par l'activité et l'expérience ;
- les effectifs d'adhérents et les cotisations.

Tous ces critères doivent être remplis mais leur pondération peut varier.

Corrigé du vrai/faux

1 - Bonne réponse : faux

Si les délégués du personnel sont élus, ce n'est pas le cas des délégués syndicaux, qui sont désignés par le syndicat pour le représenter dans l'entreprise.

2 - Bonne réponse : vrai

3 - Bonne réponse : faux

4 - Bonne réponse : faux

5 - Bonne réponse : vrai

6 - Bonne réponse : vrai

L'inspecteur du travail peut imposer la création d'un CHSCT dans les établissements de moins de 50 salariés lorsque cette mesure est nécessaire, notamment en raison de la nature des travaux, de l'agencement ou de l'équipement des locaux.

7 - Bonne réponse : faux

8 - Bonne réponse : faux

9 - Bonne réponse : faux

Seuls les syndicats représentatifs ont une section syndicale.

10 - Bonne réponse : vrai

Corrigé du cas de synthèse

1. La dénonciation d'un accord collectif d'entreprise par l'employeur est possible en respectant un préavis de 3 mois. Elle doit être notifiée à tous les signataires.

Au terme du préavis, l'accord continue de s'appliquer pendant un an ou jusqu'à l'entrée en vigueur d'un nouvel accord.

Si la négociation aboutit, l'accord conclu se substitue à l'accord initial. Si elle n'aboutit pas, l'accord initial cesse de s'appliquer au bout d'un an.

L'employeur doit respecter la procédure précitée pour dénoncer l'accord collectif d'entreprise.

2. Lorsqu'un accord dénoncé n'a pas été remplacé par un nouvel accord dans le délai d'un an à l'issue du préavis, les salariés conservent les avantages individuels acquis.

Est un avantage individuel acquis celui qui, au jour de la dénonciation de l'accord, procure au salarié une rémunération ou un droit dont il bénéficie à titre personnel et qui correspond à un droit déjà ouvert.

Mme PAUL, ayant dix ans d'ancienneté, a déjà bénéficié de ce droit. Elle conservera sa prime en l'absence de nouvel accord.

Les conflits collectifs

Corrigé des exercices d'entraînement

Corrigé de l'exercice 1

1. La grève est la cessation collective et concertée du travail en vue d'appuyer des revendications professionnelles préalablement présentées à l'employeur. Lorsque ces critères ne sont pas remplis, l'arrêt de travail est illicite.

La jurisprudence ajoute, pour reconnaître la licéité du mouvement, que les revendications doivent être raisonnables compte tenu des possibilités de l'entreprise.

Trente salariés sont en grève : il s'agit bien d'un arrêt collectif et concerté du travail.

Ils réclament un mois supplémentaire de prime : c'est une revendication professionnelle.

L'obstination de l'employeur à ne pas vouloir leur verser les 2 mois de salaire indique que la revendication lui a été préalablement présentée.

Si l'entreprise est en mesure financièrement de faire face à ce surcroît de rémunération, la grève est licite.

2. Les piquets de grève qui se situent à l'extérieur, aux lieux d'entrée et de sortie des salariés et qui tentent de les dissuader d'aller travailler ne sont pas condamnables.

En revanche, porter atteinte à la liberté du travail en faisant obstacle à l'accès des non-grévistes à leur poste est illicite et constitue une faute lourde de la part de leur auteur.

Les piquets de grève à l'entrée des chantiers de l'entreprise sont licites mais les salariés en grève doivent laisser à leurs collègues le libre accès à leurs lieux de travail. Ils ne doivent pas bloquer l'accès aux chantiers sous peine de commettre une faute lourde qui justifierait leur licenciement.

Corrigé de l'exercice 2

1. La grève est une cessation collective et concertée du travail par le personnel en vue d'appuyer des revendications professionnelles préalablement présentées à l'employeur. Ne correspond pas à une grève la cessation de travail qui ne remplit pas ces critères.

En l'espèce, la revalorisation des salaires fait l'objet de négociations annuelles : les revendications ont donc bien été présentées préalablement à l'employeur. Elles sont d'ordre professionnel.

Les salariés ont voté par une assemblée générale la cessation du travail. Il y a donc bien cessation collective et concertée du travail.

Ce mouvement d'arrêt de travail est une grève.

2. La grève ne rompt pas le contrat de travail sauf faute lourde imputable au salarié.

Le contrat de travail est suspendu et l'employeur est dispensé de payer le salaire aux salariés ayant cessé le travail, ainsi que les compléments et accessoires (avantages en nature, heures supplémentaires).

L'atteinte à la liberté du travail est considérée comme une faute lourde pouvant entraîner le licenciement du salarié.

En l'espèce, les salariés grévistes n'ont pas commis de faute lourde puisqu'ils n'ont pas empêché les salariés non-grévistes de travailler. Ils subissent simplement une suspension de leur contrat de travail et donc de leur rémunération.

Corrigé du test de connaissances

Corrigé de la question de cours

La grève est :
— une cessation complète d'activité ;
— une cessation collective ;
— une cessation concertée ;
— une revendication professionnelle ;
— préalablement présentée à l'employeur.

Corrigé du vrai/faux

1 - Bonne réponse : faux

Seule la grève dans l'Administration ou dans les entreprises publiques doit être précédée d'un préavis de cinq jours. Cette règle ne s'applique pas au secteur privé.

2 - Bonne réponse : vrai

3 - Bonne réponse : vrai

La grève est un arrêt total du travail, peu importe sa durée, même s'il est bref.

4 - Bonne réponse : faux

5 - Bonne réponse : faux

6 - Bonne réponse : vrai

7 - Bonne réponse : faux

8 - Bonne réponse : faux

9 - Bonne réponse : vrai

10 - Bonne réponse : faux

La grève suspend le contrat de travail mais ne le rompt pas.

Corrigé du cas de synthèse

1. La grève est définie comme une cessation collective et concertée du travail pour servir des revendications professionnelles. Elle entraîne une véritable suspension du contrat de travail.

Le mouvement de contestation des trois salariés a bien comme fondement des revendications professionnelles. Il peut être considéré comme collectif puisqu'aucun pourcentage de salariés n'est exigé pour que ce caractère soit établi. Cependant, les trois salariés n'ont pas interrompu le travail en prétendant continuer la grève à eux seuls. Ce que la pratique appelle souvent une grève « perlée » n'est que l'inexécution fautive du contrat de travail par des salariés qui ralentissent volontairement les cadences pour gêner l'entreprise.

Même lorsqu'elle est concertée, cette attitude est analysée comme une violation des obligations contractuelles du salarié. La faute en question peut être qualifiée de « grave », mais sans doute pas de « lourde », car la brièveté de ce mouvement de contestation n'a pas pu désorganiser significativement l'entreprise.

2. Celui qui dispose d'une autorité fonctionnelle dans l'entreprise et qui en use pour pousser d'autres salariés à commettre une faute grave peut être considéré comme commettant lui-même une faute très grave dans l'intention de nuire à son employeur, c'est-à-dire une faute qualifiée, en droit, de « lourde ».

Le contremaître qui organise une grève « perlée » se rend coupable d'une faute lourde car la gravité de sa faute est accentuée par le rôle qu'il a joué dans l'adhésion des autres salariés à son mot d'ordre de ralentissement du rythme de travail. Par ailleurs, ses compétences professionnelles lui permettaient de savoir en quoi cette « grève » allait causer un préjudice à son entreprise : l'intention de nuire ne peut pas être niée.

La faute lourde permet à l'employeur de procéder à un licenciement sans préavis. Le salarié sera privé de toute indemnité, y compris de l'indemnité compensatrice de préavis et de l'indemnité de congés payés. Le contremaître pourrait éventuellement être poursuivi sur le terrain de la responsabilité civile si son employeur pouvait prouver que sa faute lourde a causé un préjudice direct et certain à l'entreprise.

9 La rémunération

Corrigé des exercices d'entraînement

Corrigé de l'exercice 1

En droit, l'application du principe « à travail égal, salaire égal » ne permet pas à un employeur d'établir des différences de traitement entre les salariés d'établissements différents d'une même entreprise.

Corrigé de l'exercice 2

Les heures supplémentaires sont les heures effectuées au-delà de la durée légale (35 heures) ou de la durée considérée comme équivalente.

Elles sont majorées (dans les entreprises de plus de 20 salariés) :
+ 25 % de la 36e à la 43e heure incluse

+ 50 % à partir de la 44e heure

Les heures complémentaires sont rémunérées au taux normal sauf convention contraire.

En l'espèce :
— pour les salariés en CDI : 5 heures seront payées à 125 % (12,50 €) ;
— pour les salariés à temps partiel : 2,4 heures (10 % * 24 heures). Seront payées au taux normal de 10 €.

Corrigé du test de connaissances

Corrigé de la question de cours

Conventions de forfait en heures sur une base hebdomadaire ou mensuelle :

Valable si le cadre bénéficie d'un salaire au moins égal à celui qu'il aurait perçu sans application de cette convention (cette convention devant permettre théoriquement une réduction du temps de travail). Il doit respecter la durée légale du temps de travail et les règles sur les heures supplémentaires.

Conventions de forfait en heures sur une base annuelle :

Elle nécessite un accord collectif préalable qui devra préciser les modalités principales de cette convention. Le salarié doit donner son accord (matérialisation : convention de forfait conclue avec l'employeur). La modification du forfait s'apparente à une modification du contrat de travail, le forfait ne doit pas être défavorable au salarié et les heures en plus du forfait doivent être rémunérées. Le cadre est soumis à la durée légale du temps de travail (l'employeur devant justifier le nombre d'heures travaillées).

Conventions de forfait en jours sur une base annuelle :

Elle nécessite un accord collectif préalable qui devra préciser les modalités principales de cette convention (catégorie de salariés concernés, modalités de suivi de l'organisation du travail, de décompte des journées). L'accord de chaque cadre est nécessaire. Le maximum légal de jours de travail est fixé à 218 jours.

Corrigé du vrai/faux

1 - Bonne réponse : faux

Il s'agit d'une base de calcul impérative en tant que minimum (« base de calcul » car le SMIC est un salaire horaire).

2 - Bonne réponse : faux

Il s'agit d'une clause d'indexation.

3 - Bonne réponse : vrai

4 - Bonne réponse : faux

5 - Bonne réponse : faux

6 - Bonne réponse : faux

7 - Bonne réponse : vrai

8 - Bonne réponse : faux

9 - Bonne réponse : vrai

10 - Bonne réponse : faux

Corrigé du cas de synthèse

1. L'ASSEDIC des Bouches-du-Rhône a absorbé l'ASSEDIC Val de Durance pour former l'ASSEDIC Alpes-Provence. Les salariés de l'ASSEDIC Val de Durance bénéficiaient d'une prime trimestrielle de restauration. Un accord conclu au sein du nouvel organisme a prévu le maintien, au profit des salariés de l'entreprise absorbée, de la prime de restauration. Quatre salariés issus de l'entreprise absorbante ont demandé à bénéficier de cette prime par application du principe « à travail égal, salaire égal ».

Ils ont saisi le Conseil de prud'hommes. Puis un appel a été interjeté. L'employeur condamné en appel fait un pourvoi en cassation.

2. Lorsqu'un accord d'entreprise est dénoncé, un préavis de 3 mois (sauf clause contraire) doit être respecté durant lequel l'accord continue de s'appliquer. Une nouvelle négociation doit s'engager dans les 3 mois. L'accord d'entreprise continue de produire effet jusqu'à la signature d'un accord de substitution ou, à défaut, pendant 12 mois, à compter de la fin du préavis. À l'expiration de ces délais, les salariés conservent les avantages individuels acquis qui s'incorporent à leur contrat de travail. Un avantage est acquis par un salarié s'il en a déjà bénéficié, l'avantage individuel s'oppose à l'avantage collectif.

3. En matière de rémunération, la jurisprudence a posé le principe « à travail égal, salaire égal », rappelé dans l'arrêt du 04/12/2007. Toutefois, l'employeur peut justifier une différence de rémunération par des éléments objectifs.

Dans l'arrêt du 04/12/2007, la Cour de cassation précise que le « maintien d'un avantage acquis en cas de mise en cause d'un accord collectif /…/ ne méconnaît pas le principe "à travail égal, salaire égal", que ce maintien résulte d'une absence d'accord de substitution ou d'un tel accord ».

Autrement dit, est justifiée la différence de rémunération entre, d'une part, les salariés embauchés avant la mise en cause d'un accord d'entreprise qui peuvent bénéficier d'une rémunération au titre des avantages acquis maintenue dans l'accord de substitution et, d'autre part, les salariés embauchés après l'accord de substitution.

Corrigé du sujet d'examen n° 1

1. Le contrat de travail peut contenir une clause par laquelle le salarié accepte, à l'avance, une éventuelle mutation professionnelle. Il s'agit d'une clause de mobilité géographique.

La clause contenue dans le contrat de Judith est une clause de mobilité géographique.

2. Le principe de la validité de la clause de mobilité est établi, l'employeur pouvant valablement demander au salarié d'en respecter les termes. Il est seul à même d'apprécier les exigences d'organisation de son entreprise et son pouvoir de direction l'autorise à exiger le respect des engagements contractuels des salariés. Toutefois, la jurisprudence exige que les termes définissant la zone géographique d'application de la clause de mobilité soient précis : le salarié doit pouvoir connaître à l'avance le ou les lieux qu'on lui demandera éventuellement de rejoindre.

La clause contenue dans le contrat de Judith est trop imprécise. Il ne lui est pas possible d'envisager l'importance du déplacement professionnel auquel le contrat l'expose. Cette clause n'est donc pas licite. La seule démarche admise de la part de l'employeur est une demande faite à Judith de rejoindre un nouveau lieu de travail dans le cadre d'un changement, accepté par elle, des termes de son contrat.

3. Le refus d'exécuter une clause illicite du contrat de travail, pas plus que le refus d'une modification de ce contrat proposée par le DRH, n'est une faute de la part du salarié.

Judith ne peut pas être sanctionnée si elle refuse la mutation que le DRH prétend lui imposer ou si elle rejette la demande de modification de son lieu de travail. Un licenciement disciplinaire ne peut donc pas lui être infligé.

Cependant, si la modification du contrat de travail était proposée à Judith en raison de difficultés économiques ou de mutation technologique, son refus pourrait entraîner un licenciement économique. Ici, rien de tel : la mutation a été présentée comme répondant à une nécessité commerciale.

4. Le recours au CDD est encadré par la loi, qui limite les possibilités d'embauche sous cette forme aux seuls cas qu'elle énonce. Il est impossible de pourvoir un poste correspondant à emploi permanent par un CDD. Parmi les cas autorisant la conclusion de ce type de contrat, il est expressément prévu l'accroissement temporaire d'activité.

Ici, la commande exceptionnelle d'un client entraîne effectivement un surcroît d'activité. Il est donc licite de recourir à l'embauche de quelques salariés en CDD.

5. Les heures supplémentaires constituent le moyen le plus facile pour adapter les horaires aux besoins fluctuants de l'entreprise. Mais l'allongement de la durée de travail des salariés a un coût non négligeable. Si la durée hebdomadaire du travail se situe au-delà de 35 heures mais en deçà de 44 heures, la majoration du salaire est déterminée par un accord collectif ou, à défaut, fixé par la loi à 25 % du salaire. Au-delà de 43 heures de travail — c'est-à-dire de huit heures supplémentaires par semaine —, cette majoration peut atteindre 50 %.

Il faut donc se demander si un dispositif d'aménagement du temps de travail sur le long terme n'est pas plus judicieux. Au travers d'un accord collectif conclu avec les représentants du personnel, il est possible de faire alterner des périodes de semaines longues et des périodes de semaines courtes : la compensation entre ces périodes dispense alors l'employeur du paiement des majorations de rémunération pour les semaines de travail dépassant 35 heures. La contrainte légale à respecter est celle de la durée moyenne du travail qui, calculée sur la durée de l'aménagement du temps de travail (quelques semaines, quelques mois ou l'année entière), doit être conforme à la durée légale de 35 heures.

6. Le législateur limite le nombre d'heures supplémentaires que l'employeur peut imposer à ses salariés. Pour chacun d'eux, un contingent annuel d'heures supplémentaires est déterminé par accord collectif ou, à défaut, par la loi ; dans ce cas, il est de 220 heures par an.

De plus, une journée de travail ne peut pas dépasser 10 heures et une semaine de travail 48 heures. La durée moyenne hebdomadaire doit être au maximum de 44 heures.

Corrigé du sujet d'examen n° 2

1. L'employeur a le droit d'exercer un contrôle (ou une surveillance) de l'exécution par les salariés de leur prestation de travail.

Trois conditions :
- la surveillance doit être justifiée par la nature du travail à accomplir et être proportionnée au but recherché ;
- l'employeur doit informer chaque salarié de manière individuelle, et doit informer et consulter le comité d'entreprise (ou, à défaut, les délégués du personnel) ;
- l'employeur doit déclarer le dispositif à la CNIL ;
- en l'espèce, l'entreprise a un intérêt à mettre en place un système de géolocalisation. Celui-ci permettrait d'assurer la sécurité du chauffeur isolé compte tenu de ses fonctions (transports internationaux) et des marchandises transportées ainsi qu'une meilleure allocation des moyens pour des prestations à accomplir en des lieux lointains.

2. Trois conditions :
- l'employeur doit avoir négocié au préalable un accord d'entreprise ou d'établissement si la convention collective ou un accord de branche ne le prévoit pas ;
- salariés concernés : il doit s'agir de cadres (non soumis à un horaire collectif et disposant d'une réelle autonomie dans l'organisation de leur emploi du temps) ou de non-cadres (qui disposent d'une réelle autonomie dans l'organisation de leur emploi du temps) ;
- le salarié doit donner son accord écrit.

3. Les salariés de l'entreprise BOUNAUDET qui assurent la prospection commerciale disposent d'une grande autonomie dans l'organisation de leur emploi du temps pour l'exercice de leurs responsabilités. Par ailleurs, ils rencontrent des difficultés pour mesurer leur temps de travail.

La loi prévoit deux types de forfait annuel pour régler ce type de problème :
- dans le forfait annuel en heures, il faut respecter la durée annuelle du travail fixée par l'accord collectif. Par ailleurs, la loi exige que soient respectées des dispositions variées relatives au temps de travail (exemples : durée maximale journalière et hebdomadaire, majorations pour heures supplémentaires) ;
- dans le forfait annuel en jours, la durée maximale de travail est fixée à 218 jours. Par ailleurs, la loi exclut l'application de nombreuses dispo-

sitions relatives au temps de travail (exemples : durée maximale journalière et hebdomadaire, majorations pour heures supplémentaires).

En l'espèce, le problème particulier est celui de l'impossibilité de décompter les heures. Le forfait annuel en heures est inadapté et le forfait annuel en jours répond mieux aux contraintes de la prospection commerciale.

4. Un fait commis en dehors du temps de travail peut justifier un licenciement (autre formulation possible : être une cause réelle et sérieuse de licenciement) s'il cause un trouble objectif caractérisé à l'entreprise et présente un lien avec l'activité professionnelle.

Le comportement du salarié relève de la vie privée (véhicule personnel, en dehors des heures de travail), mais la médiatisation et le caractère excessif de son comportement sont de nature à causer à son employeur un trouble objectif et caractérisé, eu égard aux fonctions occupées par ce salarié.

5. Pour être recevables, les moyens de preuve doivent être :

— licites : ils doivent respecter notamment le principe de la vie privée ;
— loyaux : la preuve obtenue ne doit pas avoir pour origine un stratagème ou être recueillie à l'insu du salarié.

La filature du salarié représente un moyen de preuve non valable en droit, car ce procédé est illicite puisqu'il caractérise une violation de la vie privée du salarié.

De plus, un constat d'huissier obtenu par un moyen déloyal pour confondre le salarié fautif n'est pas valable.

Les deux moyens de preuve ne seront donc pas recevables devant le Conseil de prud'hommes.

Imprimé en France - JOUVE, 1, rue du Docteur Sauvé, 53100 MAYENNE
N° 2165110M - Dépôt légal : août 2014